财政部规划教材
全国高职高专院校财经类教材

ERP 沙盘模拟企业经营实训教程

马小然　邓雅琪　顾瑛瑛　尹业程　主　编

中国财经出版传媒集团
中国财政经济出版社

图书在版编目（CIP）数据

ERP 沙盘模拟企业经营实训教程 / 马小然等主编 . —北京：中国财政经济出版社，2018.7

财政部规划教材　全国高职高专院校财经类教材

ISBN 978－7－5095－8340－1

Ⅰ.①E… Ⅱ.①马… Ⅲ.①企业管理－计算机管理系统－高等职业教育－教材　Ⅳ.①F270.7

中国版本图书馆 CIP 数据核字（2018）第 136440 号

责任编辑：樊　闽　　　　　　　　　责任校对：杨瑞琦
封面设计：孙俪铭

中国财政经济出版社 出版

URL：http：//www.cfeph.cn
E－mail：cfeph@cfeph.cn

（版权所有　翻印必究）

社址：北京市海淀区阜成路甲 28 号　邮政编码：100142
营销中心电话：010－88191537　北京财经书店电话：64033436　84041336
北京富生印刷厂印刷　各地新华书店经销
787×1092 毫米　16 开　7 印张　165 000 字
2018 年 7 月第 1 版　2022 年 1 月北京第 3 次印刷
定价：17.00 元
ISBN 978－7－5095－8340－1
（图书出现印装问题，本社负责调换）
本社质量投诉电话：010－88190744
打击盗版举报热线：010－88191661　QQ：2242791300

前　言

对于即将毕业的大学生来说，就业压力始终是必须面临的一个问题，这主要来源于对自己专业知识掌握程度的不自信，以及对未来适合自己工作岗位的迷茫。"ERP沙盘模拟企业经营实训"课程作为一门实训必修课，其作用在于通过对企业的经营与模拟帮助即将毕业的同学们了解现代企业的经营流程，以及感受不同工作岗位的职责与挑战。在几天的实训体验中，不断发现问题、解决问题，并把自己所学的专业知识运用到企业模拟经营当中去，不断加深对自身专业知识体系在现实企业经营中的运用和理解，融"学"和"做"为一体。

"ERP沙盘模拟企业经营实训"课程是集知识性、趣味性、对抗性于一体的企业经营管理技能训练课程，将受训学生分为合作小组，通过组间竞争开展教学，同时，运用直观的沙盘教具，结合角色扮演、情景模拟，实施企业经营决策模拟活动，体验企业各方面的运作流程及经营管理的历程，体验承担经营的风险与责任，探索企业经营管理之道，通过小组合作，培养学生的团队意识和合作精神，提高学生企业经营管理的综合素质与能力，锻炼学生运用所学理论及方法解决企业经营管理实践问题的能力，让学生感悟企业经营哲理，从而培养综合型复合人才。

本书由云南财经职业学院实训中心综合实训教研组编写，云南财经职业学院实训中心综合实训教研组曾组队参加2016年、2017年、2018年云南省学生职业技能大赛"ERP沙盘模拟企业经营"赛项蝉联3年一等奖，在"ERP沙盘模拟企业经营实训"课程的教学上具备一定的理论及实战经验。通过对教学过程的探索研究，发现可以更进一步完善以往教材，使得教材更加适用于日常教学，直接体现在对课堂更具有掌控力以及针对性。本教材区别于其他沙盘实训教材的是在ERP沙盘模拟企业经营的基础上，加入对创新创业模式的学习，使学生在体会模拟企业经营的同时能够被激发出更多的创新思维。在几天的实训过程中，学生不但学习了ERP沙盘模拟企业经营的有关知识，同时对企业文化建设、创新商业模式的激发、商业模式画布的制作与创业路演PPT的展示有更多的理解。课程的总结阶段每个小组都有机会收获一份属于自己的创新创业项目。

本书由云南财经职业学院实训中心综合实训教研组成员马小然、邓雅琪、顾瑛瑛、尹业程四位老师编写。在编写过程当中，为了提高本书的编写质量，编者参考了大量的教材和其他有关文献著作，并参考了2017年云南省学生职业技能大赛省赛一等奖CEO学生代表刘晋成的意见和建议，同时，也得到了中国财政经济出版社的大力协助，在此，一并表示深深的感谢！

由于作者水平所限，书中难免有疏漏之处，敬请大家指正。如果有关于课程改进的思路和建议，可直接发送邮件至8584494@qq.com进行交流。

编者

2018年6月

目　录

项目一　ERP 沙盘实训课程导入 ·· 1
　　任务一　了解沙盘 ·· 1
　　任务二　实训的目的及要求 ·· 2
　　任务三　实训方式与内容 ·· 4

项目二　运营准备 ·· 5
　　任务一　认识沙盘盘面 ··· 5
　　任务二　角色分工及职责定位 ··· 7
　　任务三　团队组建 ··· 8

项目三　手工沙盘运营 ··· 13
　　任务一　领会规则、掌握流程 ·· 13
　　任务二　报表编制与财务分析 ·· 26
　　任务三　学会经营 ·· 29
　　任务四　经营感悟 ·· 36
　　任务五　创新商业模式画布 ··· 40

项目四　电子沙盘运营 ··· 42
　　任务一　了解电子沙盘与手工沙盘的区别 ····································· 42
　　任务二　电子沙盘中企业运营的规则 ·· 43
　　任务三　电子沙盘预算表 ··· 49
　　任务四　认识电子沙盘操作系统 ·· 55

项目五　ERP 沙盘实训课程总结 ·· 69
　　任务一　企业创新创业项目路演 PPT 展示 ···································· 69
　　任务二　团队运营总结 ··· 71

附录 ··· 73
参考文献 ··· 106

项目一

ERP 沙盘实训课程导入

任务一　了解沙盘

任务描述

在国家"大众创业，万众创新"的号召下，职业院校如何能培养出更多具有创新意识的高技能、复合型人才，成为目前职业院校面临的最大难题，想要实现这一目标，离不开创新型实践教学模式和实践教学环境。ERP 沙盘实训课作为一门具有先进创新性及实训意义的课程肩负起了为高校培养高素质创新型人才的重任。目前全国大部分大专院校经管类专业都开设了这一门课程，想要真正学好 ERP 沙盘实训课程就要先全面地了解这一门课程，做到学习时目标明确、心里有数。

一、课程简介

《ERP 沙盘模拟企业经营实训教程》运用全新的仿真教学方式，通过手工沙盘与电子沙盘两种形式，让受训者全面体验企业经营的整个流程，由此让受训者把平时学到的知识运用到实践当中去，从而达到让受训者通过实践来积累经验，在实践中不断发现问题、解决问题的目的。同时通过企业创新创业模式来激发受训者的商业创新思维，从企业经营模拟上升到创新商业模式，使受训者在课程结束后创造出有竞争力的创新创业项目。这是一门寓教于乐的课程，也是一门培养团队精神、发掘受训者自身特点的课程，在整个课程进行过程中，受训者必须相互交流沟通来配合经营自己的企业，也需要各抒己见带领自己的企业勇往直前，在残酷的市场竞争中脱颖而出。

二、"ERP 沙盘模拟"释义

ERP 沙盘模拟企业经营，就是利用沙盘模拟的办法来模拟企业经营的整个流程，使受训者在模拟企业经营中得到锻炼、提高和启发。ERP 是企业资源计划的简称，企业资源包括设备、厂房、资金、物料、人员，同时还包括企业上游的供应商和下游的客户等。企业资源计划的实质就是如何在资源有限的情况下，合理组织生产经营活动，降低经营成本，提高经营效率，力求做到利润最大化，提升竞争能力。因此，企业的生产经营过程也是对企业资源的管理过程。

ERP沙盘模拟企业经营是把企业运营的关键环节：战略规划、资金筹集、市场营销、产品研发、生产组织、物资采购、设备投资与改造、财务核算与管理、企业信息化建设等几个部分设计为可视的实体模型，用于模拟企业运营，具有简单、直观、模拟速度快的特点。

三、"ERP沙盘模拟"课程结构解析（见图1-1）

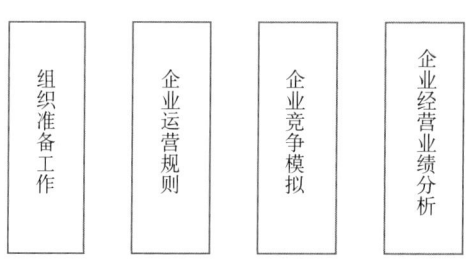

图1-1　课程解析

任务二　实训的目的及要求

任务描述

"ERP沙盘模拟企业经营实训"课程是一门注重操作与实践的课程，需要学生把自身的知识储备运用到企业经营模拟当中。此课程注重知识的实践与团队合作精神的展现。

一、扩展知识体系，提升管理技能

1. 公司战略管理

一个成功企业必须具备优秀的战略分析能力，从最初的战略制定到最后的战略目标达成都需要认真考虑，公司连续六年的企业运作，经过感性了解、理性思考、科学管理，受训者将学会用战略的眼光看待企业的业务和经营，保证业务与战略的一致，在未来的工作中更多地获取战略性成功而非机会性成功。

2. 全面认知企业经营流程

通过沙盘模拟经营使受训者全面了解企业经营流程，了解企业的组织机构设置、各管理机构的职责和工作内容，使受训者对未来的职业方向建立基本认知。通过企业经营了解企业管理体系和业务流程，理解物流、资金流、信息流的协同过程。

3. 市场营销管理

受训者将学会如何分析市场、关注竞争对手、制定营销战略、把握消费者需求、准确定位目标市场，制订并有效实施销售计划。

4. 生产管理

在企业模拟经营过程中，受训者将深刻感受到销售与生产、采购的密切关系，理解生产组织与市场销售的重要关系。"ERP沙盘模拟"把生产过程管理、质量管理、设备更新、产品研发统一纳入到生产管理领域。

5. 财务管理

在沙盘模拟过程中，团队成员将清楚地掌握资产负债表、利润表的结构，企业领导层通过财务报告、财务分析解读企业经营的全局，细化核算支持决策；掌握资本流转如何影响损益；理解"现金流"的重要性，学会提前做资金预算，以最佳方式筹资，控制融资成本，提高资金利用效率。

6. 团队管理

在沙盘模拟经营中每个团队都会有各自为战、争论不休、职责不清的情况发生，这导致团队效率下降、无效沟通、秩序混乱等情况。这使得受训者深刻地理解局部最优不等于整体最优，必须学会换位思考，全体受训者有共同愿景、朝着一个目标、遵守相应的工作规范，在彼此信任和支持的环境下企业才能取得成功。

二、培养高素质复合型人才

除了在提升专业知识和技能方面发挥作用，ERP沙盘模拟企业经营实训还可以提高受训者的综合素质。

1. 团队合作与全局观念

受训者可以通过此实训课程深刻体会到团队精神的重要性。在企业运营这样一艘大船上，CEO是舵手、CFO保驾护航、市场总监冲锋陷阵，每一个角色都要各司其职，相互协作，以企业总体最优为出发点，才能赢得竞争，实现目标。

2. 树立共赢理念

企业知己知彼，在市场分析、竞争对手分析上做足文章，在竞争中寻求合作，企业才会有无限的发展机遇。

3. 个性与职业定位

每个个体因为拥有不同的个性而存在，这种个性在ERP沙盘模拟对抗中会显露无疑。在分组对抗中，有的小组大张旗鼓，有的小组稳扎稳打，还有的小组则不知所措。由此我们可以看到个性对不同岗位的影响。

4. 保持诚信

保持诚信是实训学员立足社会、发展自我的基本素质。在ERP沙盘模拟课程中诚信原则体现为对"游戏规则"的遵守，例如不做假账、如实摆放沙盘的盘面。

5. 感悟人生

在市场的残酷竞争与企业经营困难面前，是"随意放弃"还是"坚持到底"，这不仅是一个企业可能面临的问题，更是在人生中不断需要抉择的问题，经营自己的人生与经营一个企业具有一定的相通性。在沙盘学习的过程中，在很短的时间内，受训者能够体验到盈利时的喜悦，也能体验到失败时的痛苦，以及永不放弃、积极探索的精神。

任务三　实训方式与内容

任务描述

本实训的基础背景设定为一家刚刚起步的生产型企业，此课程根据学员人数把参加实训的学员分成 8~10 组，每组 5~6 人，每组各代表不同的虚拟企业，在这个训练中，每个小组的成员将分别担任企业中的重要职位（CEO、CFO、市场总监、生产总监等），每队要自己创业，连续从事 6 个会计年度的经营活动。

该课程涉及整体战略、产品研发、设备投资改造、生产能力规划与排程、物料需求计划、资金需求规划、市场与销售、财务经济指标分析、团队沟通与建设等多个方面。

通过实训课程训练，受训者可以在变化多端的经营环境里，面对多个竞争对手，正确制定企业的决策，达到企业的战略目标。它要求受训者能全面、灵活地运用管理学的知识，如生产管理、市场营销、财务会计等知识和预测、优化、对策、决策等方法，考查受训者的分析能力、判断和应变能力，并能培养其团队合作的精神。

- 在实训过程中难免遇到困难和争执，如何解决这些问题？

Tips：

1. 知错能改

学习的目的就是为了发现问题，进而努力寻求解决问题的手段。在学习过程中，谁犯的错误越多，谁的收获就越大，因此不要怕错误，关键是及时发现错误，改正错误。在遇到经营瓶颈时能够换个角度看问题，选择合适的路线及方法来解决问题。

2. 亲历亲为

"ERP 沙盘模拟"称为体验学习之先河，每一个学员都要担任一定的职能岗位并参与企业的经营过程，以获得经营企业的切身体验，不同的职位将体验到不同的实训感受。

3. 落实于行动

五天的课程带给人的是逻辑、是启迪、是法则、是真理，而企业是真实而具体的。在沙盘模拟的世界中，只有落实于行动才能检验你学到了什么。

项目二

运营准备

任务一 认识沙盘盘面

任务描述

通过沙盘整体盘面简介来认识企业内部的基本职能划分,以及其主要的含义。这项课前准备是为了受训者在操作手工沙盘之前对沙盘的盘面有一个清晰的认识。

沙盘整体盘面简介:

手工沙盘模拟实训以一套教具为载体,每一个沙盘盘面代表一家模拟企业,盘面按照制造企业的基本职能设置,划分为营销与规划中心、生产中心、物流中心、财务中心,如图2-1所示,沙盘教具简介见表2-1。

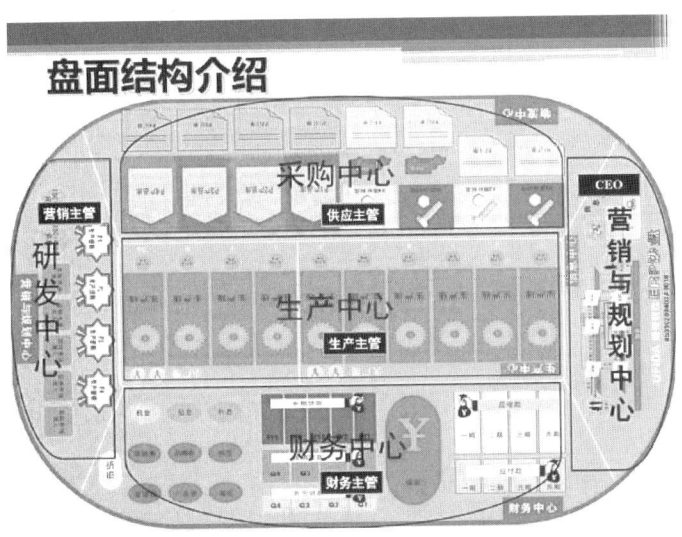

图 2-1 盘面介绍

表 2-1　　　　　　　　　　　　　　沙盘教具简介表

职能中心划分	企业运营的任务环节	主要内容	简要说明	备注
营销与规划中心	市场营销规划	市场开拓	企业可开放的市场有本地、区域、国内、亚洲、国际5个市场	足额缴纳开拓费用后，换取相应的市场准入资格证
		产品研发	企业可开发P1、P2、P3、P4四种产品	产品研发投资完成，换取相应品种类生产资格证
		ISO认证	企业可进行ISO9000的质量体系认证和ISO14000的环境体系认证	认证完成后换取相应的资格认证
生产中心	组织产品生产	大小两座厂房	沙盘设计了一个大厂可以放6条生产线，一个小厂房可放4条生产线	购买厂房要投放相应价值的现金，租赁厂房要定期支付租金
		生产线标识	企业可选择手工、半自动、全自动、柔性四种类型的生产线	不同生产线生产效率不同，购买生产线要显示其净值，并且定期折旧
		产品标识	各种生产线在建立时应确定生产产品的类型，产品共有P1、P2、P3、P4四种类型	把产品标识放在生产线相应位置，一条生产线只能同时有一种在制产品
物流中心	采购管理库存管理	采购提前期及采购成本	四种原材料，R1、R2、R3、R4，各原材料采购提前期不同，价格均为1M	不同颜色的彩币代表不同原材料
		原材料库	盘面上标注R1、R2、R3、R4的地方，分别用于存放相应种类的原材料	
		原料订单	原料订货用相应数量的空桶放在不同订单位置表示	采购前一定要按周期下订单，发出订货需求
		产品库	P1、P2、P3、P4分别存放在相应种类的产成品库中	
财务中心	财务管理会计核算	现金库	用于放置现金	现金用灰色币表示，每个币代表1M
		银行贷款	按融资规则进行贷款	长贷按每年，短贷按每季进行贷款
		应收/应付账款	将与应收款数额相等的灰币放在对应期限的位置上	严格按账期兑现，应收款可以贴现
		综合费用	标示各种经营费用损耗内容	将实际发生的费用额置于相应位置

任务二　角色分工及职责定位

任务描述

企业经营管理以及战略制定涉及多个岗位，在企业中不同的职能由不同岗位负责，在管理中进行分工协作，在职务范围、责任、权利方面形成结构体系。

岗位认知：

1. 总经理（CEO）岗位认知

岗位概要： 负责制订和实施公司总体战略与年度经营计划；建立和健全公司的管理体系与组织结构；主持公司的日常经营管理工作，实现公司经营管理目标和发展目标。

在"ERP沙盘模拟"课程中，企业所有的重要决策由总经理带领团队成员共同决定，如果大家意见不同，由总经理拍板决定。总经理还要从结构、流程、人员、激励四个方面着手优化管理，及时分配企业成员相应的公司，带领大家做好年度规划大会。

2. 市场总监岗位认知

岗位概要： 进行需求分析和销售预测，分析市场环境，把握市场机会，制订公司市场营销战略和实施计划；对企业市场营销计划进行监督和控制；负责企业竞争对手分析。

市场主管还担负着监控竞争对手的责任，比如，对手正在开拓的市场，未涉足的市场，对手在销售上取得了多大的成功，对手拥有哪类生产线，生产能力如何。充分了解市场，明确竞争对手的动向，有利于制订自己的市场营销计划。

3. 生产总监岗位认知

岗位概要： 制订落实生产计划；制订研究开发计划，组织新产品开发并进行有效的项目管理；持续扩大和改善产品系列，以最低的成本达到或超出客户的要求；主动、积极地研究新的技术实现手段降低产品成本，提高性价比；确保为客户提供及时的技术支持；确保正在生产的产品和新产品的正常生产。

在"ERP沙盘模拟"课程中，生产总监负责生产运营过程的正常进行，生产设备的维护与设备变更处理、成品库管理、产品研发以及产能计算等工作。

4. 采购总监岗位认知

岗位概要： 采购总监负责各种原料的及时采购和安全管理，确保企业生产的正常进行；负责编制并实施采购供应计划，确保在合适的时间、采购合适的品种及数量的物资，为企业生产做好后勤保障；进行供应商管理；进行原料库存的数据统计与分析。

采购总监根据企业生产的产能制订采购计划、与供应商订货、监督原料采购过程，并按计划向供应商付款、管理原料库等具体工作。

5. 财务总监岗位认知

岗位概要： 财务总监主要负责记录企业经营流程，定时汇总各类财务信息，核查企业的经营状况，核算企业的经营成果，按时制作财务报表；对成本数据进行分类和分析；定期清查盘面现金，确保账实相符。

在"ERP沙盘模拟"课程中，财务总监主要负责日常现金收支记录，于每年年末编制产品核算统计表、综合费用明细表、利润表和资产负债表。

任务三　团队组建

任务描述

根据企业中不同的职能部门设置，学员们可以根据自己的专长选择不同的职能部门。企业以小组为单位，每个企业可以设置5~6个岗位，分别由不同的学员来担任。

一、自我认知测试

PDP是行为风格测试的一项工具，英文简称Professional Dynamitic Program，"行为风格"是指一个人天赋中最擅长的做事风格，根据不同的人物风格特性的不同，分别用5种动物来代表，分别是：老虎型、海豚型、企鹅型、蜜蜂型和八爪鱼型。

学习指导：自知者明，知人者智。你怎么看自己？别人怎么看你？准确的自我评价有助于判定你偏好的工作环境类型，尽早评估并了解你的个人兴趣、技能和价值观，对于未来职业生涯发展相当有利。

请按照规则完成下方先天特质测试问卷

　　规则：如果答案非常同意，请打5分；比较同意，打4分；差不多，打3分；一点同意，打2分；不同意，就打1分。回答问题时不是依据别人眼中的你来判断，而是你认为你本质上是不是这样的。

1. 你做事是一个值得信赖的人吗？
2. 你个性温和吗？
3. 你有活力吗？
4. 你善解人意吗？
5. 你独立吗？
6. 你受人爱戴吗？
7. 你做事认真且正直吗？
8. 你富有同情心吗？
9. 你有说服力吗？
10. 你大胆吗？
11. 你精确吗？
12. 你适应能力强吗？
13. 你组织能力好吗？
14. 你是否积极主动？
15. 你害羞吗？
16. 你强势吗？
17. 你镇定吗？
18. 你勇于学习吗？
19. 你反应快吗？
20. 你外向吗？
21. 你注意细节吗？
22. 你爱说话吗？
23. 你协调能力好吗？
24. 你勤劳吗？
25. 你慷慨吗？
26. 你小心翼翼吗？
27. 你令人愉快吗？
28. 你传统吗？
29. 你亲切吗？
30. 你工作足够有效率吗？

【答案解析】

现在把第5、10、14、18、24、30题的分加起来就是你的"老虎"分数;

把第3、6、13、20、22、29题的分加起来就是你的"海豚"分数;

把第2、8、15、17、25、28题的分加起来就是你的"企鹅"分数;

把第1、7、11、16、21、26题的分加起来就是你的"蜜蜂"分数;

把第4、9、12、19、23、27题的分加起来就是你的"八爪鱼"分数。

具有"老虎"族群特质者,其共同性格为充满自信、竞争心强、主动且企图心强烈,是个有决断力的领导者。一般而言,老虎型的人胸怀大志,勇于冒险,看问题能够直指核心,并对目标全力以赴。建议具有此特质的学员担任CEO。

"海豚"热情洋溢,好交朋友,口才流畅,重视形象,擅于人际关系的建立,富有同情心,最适合人际导向的工作。缺点是容易过于乐观,往往无法估计细节,在执行力度上需要高专业的技术精英来配合。建议具有此特质的学员担任采购总监。

"企鹅"属于行事稳健,不会夸张强调平实的人,性情平和对人不喜欢制造麻烦,不兴风作浪,温和善良,在别人眼中常让人误以为是懒散不积极,但只要决心投入,绝对是"路遥知马力"的最佳典型。建议具有此特质的学员担任生产总监。

"蜜蜂"传统而保守,分析力强,精确度高是最佳的品质保证者,喜欢把细节条例化,个性拘谨含蓄,谨守分寸忠于职责,但会让人觉得"吹毛求疵"。"蜜蜂"清晰分析道理,说服别人很有一套,处事客观合理,只是有时会钻在牛角尖里拔不出来。建议具有此特质的学员担任财务总监。

"八爪鱼"中庸而不极端,凡事不执着,韧性极强,擅于沟通是天生的谈判家,他们能充分融入各种新环境、新文化且适应性良好,在他人眼中会觉得他们"没有个性",故"没有原则就是最高原则",他们懂得凡事看情况、看场合。建议具有此特质的学员担任市场总监。

二、商业创新模式激发

一个伟大公司的建立,往往是因为一个革命性的想法,虽然想法可小可大,但是它彻底改变了人们的生活方式,使人们的生活更方便、更快捷。也许同学的生活当中也会遇到大大小小的麻烦,这些麻烦被企业家称为生活中的"痛点"。一个企业的核心竞争力体现在它如何帮助人们解决这些生活中的"痛点"。

任务目标:"痛点" ⟶ "项目"与"产品"

讨论: 生活当中有哪些"痛点",如何通过商业创新来研发出更好的产品或服务去解决这些生活中的难题?公司创新项目的成功与否在于如何为消费者创造全新的价值。

三、企业的建立

企业建立需要各小组设计属于自己公司的精美Logo,Logo的设计必须体现自己的企业文化,同时必须具备如下元素:

企业名称：构成企业名称的四项基本要素是行政区划、字号、行业或经营特点、组织形式。

例如：昆明（行政区划）+云投（字号）+贸易（行业特点）+有限公司（组织形式）

愿景：体现了公司最高领导层的立场和信仰，是企业最高管理者头脑中的概念，是这些最高管理者对企业未来的设想。是对"我们代表什么""我们希望成为怎样的企业？"的持久性回答和承诺，其效用主要体现在长期。

目标：企业目标就是创造价值，实现其宗旨所要达到的预期成果，其效用主要体现在短期。

战略：企业在市场经济的条件下，为了求得生存与发展，对于实现的总体目标以及根本对策做出的全局性的、长远的谋划。

知识导读

什么是企业战略

在资源一定的条件下，企业必须选择做什么和不做什么，因此目标一定要明确。企业战略是企业根据其外部环境及企业内部资源和能力状况，为谋求长期生存和稳定发展，为不断地获得新的竞争优势，对企业发展目标、达成目标的途径和手段的总体谋划。

四、企业战略的三种状态

（一）拓展型战略

拓展型战略，是指采用主动进攻态度的战略形态，主要适合行业领头企业、有发展后劲的企业及新兴行业中的企业选择。具体的战略形式包括：多元化经营战略、市场渗透战略、联合经营战略。

1. 多元化经营战略

多元化经营战略，是指一个企业同时经营两个或两个以上行业的拓展战略，又可称"多行业经营"，主要包括三种形式：同心多元化、水平多元化、综合多元化。**同心多元化**是利用原有技术及优势资源，面对新市场、新顾客增加新业务实现的多元化经营；**水平多元化**是针对现有市场和顾客，采用新技术增加新业务实现的多元化经营；**综合多元化**是直接利用新技术进入新市场实现的多元化经营。

多元化经营战略适合大中型企业选择，该战略能充分利用企业的经营资源，提高闲置资产的利用率，通过扩大经营范围，缓解竞争压力，降低经营成本，分散经营风险，增强综合竞争优势，加快集团化进程。但实施多元化战略应考虑选择行业的关联性、企业控制力及跨行业投资风险。

2. 市场渗透战略

市场渗透战略，是指实现市场逐步扩张的拓展战略，该战略可以通过扩大生产规模、提高生产能力、增加产品功能、改进产品用途、拓宽销售渠道、开发新市场、降低产品成本、集中资源优势等单一策略或组合策略来开展，其战略核心体现在两个方面：利用现有产品开辟新市场实现渗透、向现有市场提供新产品实现渗透。

市场渗透战略是比较典型的竞争战略，主要包括：成本领先战略、差异化战略、集中化战略三种最有竞争力的战略形式。**成本领先战略**是通过加强成本控制，使企业总体经营成本处于行业最低水平的战略；**差异化战略**是企业采取的有别于竞争对手经营特色（从产品、品牌、服务方式、发展策略等方面）的战略；**集中化战略**是企业通过集中资源形成专业化优势（服务专业市场或立足某一区域市场等）的战略。在教科书上，成本领先战略、差异化战略、集中化战略被称为"经营战略""业务战略"或"直接竞争战略"。

3. 联合经营战略

联合经营战略，是指两个或两个以上独立的经营实体横向联合成立一个经营实体或企业集团的拓展战略，是社会经济发展到一定阶段的必然形式。实施该战略有利于实现企业资源的有效组合与合理调配，增加经营资本规模，实现优势互补，增强集合竞争力，加快拓展速度，促进规模化经济的发展。在工业发达的西方国家，联合经营主要是采取控股的形式组建成立企业集团，各集团的共同特点是：由控股公司（母公司）以资本为纽带建立对子公司的控制关系，集团成员之间采用环型持股（相互持股）和单向持股两种持股方式，且分为以大银行为核心对集团进行互控和以大生产企业为核心对子公司进行垂直控制两种控制方式。在我国，联合经营主要采用兼并、合并、控股、参股等形式，通过横向联合组建成立企业联盟体。其联合经营战略主要可以分为：一体化战略、企业集团战略、企业合并战略、企业兼并战略四种类型。

一体化战略，是由若干关联单位组合在一起形成的经营联合体，主要包括垂直一体化（生产商同供应商、销售商串联）、前向一体化（生产企业同销售商联合）、后向一体化（生产商同原料供应商联合）、横向一体化（同行业企业之间的联合）。该战略的优点是通过关联企业的紧密联合，可实现资源共享，降低综合成本。其缺点是管理幅度加大，不利于资源调配与利益关系的协调。

企业集团战略，是由若干个具有独立法人地位的企业以多种形式组成的经济联合组织。组织结构层次分为：集团核心企业（具有母公司性质的集团公司）、紧密层（由集团公司控股的子公司组成）、半紧密层（由集团公司参股企业组成）、松散层（由承认集团章程并保持稳定协作关系的企业组成）。紧密层、半紧密层同集团公司的关系以资本为纽带，而松散层同集团公司的关系是以契约为纽带。集团公司同紧密层组合就可以构成企业集团，集团公司与企业集团的区别在于：集团公司是法人，企业集团是法人联合体，不具有法人资格。集团公司内部各成分属紧密联合，企业集团各成分属多层次联合。

企业合并战略，是指参与企业通过所有权与经营权同时有偿转移，实现资产、公共关系、经营活动的统一，共同建立一个新法人资格的联合形式。采取合并战略，能优化资源结构，实现优势互补，扩大经营规模，但同时也容易吸纳不良资产，增加合并风险。

企业兼并战略，是企业通过现金购买或股票调换等方式获得另一个企业全部资产或控制权的联合形式。其特点是：被兼并企业放弃法人资格并转让产权，但保留原企业名称成为存续企业。兼并企业获得产权，并承担被兼并企业债权、债务的责任和义务。通过兼并可以整合社会资源，扩大生产规模，快速提高企业产量，但也容易分散企业资源，导致管理失控。

（二）稳健型战略

稳健型战略，是采取稳定发展态度的战略形态，主要适合中等及以下规模的企业或经营不景气的大型企业选择,可分为:无增长战略(维持产量、品牌、形象、地位等水平不变)、微增长战略(竞争水平在原基础上略有增长)两种战略形式。该战略强调保存实力,能有效控制经营风险,但发展速度缓慢,竞争力量弱小。

(三)收缩型战略

收缩型战略,是采取保守经营态度的战略形态,主要适合处于市场疲软、通货膨胀、产品进入衰退期、管理失控、经营亏损、资金不足、资源匮乏、发展方向模糊的危机企业选择。可分为:转移战略、撤退战略、清算战略三种战略形式。**转移战略**是通过改变经营计划、调整经营部署,转移市场区域(主要是从大市场转移到小市场)或行业领域(从高技术含量向低技术含量的领域转移)的战略;**撤退战略**是通过削减支出、降低产量,退出或放弃部分地域或市场渠道的战略;**清算战略**是通过出售或转让企业部分或全部资产以偿还债务或停止经营活动的战略。收缩型战略的优点是通过整合有效资源,优化产业结构,保存有生力量,能减少企业亏损,延续企业生命,并能通过集中资源优势,加强内部改制,以图新的发展。其缺点是容易荒废企业部分有效资源,影响企业声誉,导致士气低落,造成人才流失,威胁企业生存。调整经营思路、推行系统管理、精简组织机构、优化产业结构、盘活积压资金、压缩不必要开支是该战略需要把握的重点。

以上介绍的企业战略的三种形态可以供大家在企业经营时借鉴,根据企业在当前市场中所面临的形势和竞争对手选择合适的企业经营战略是获得最后胜利的关键,每一种企业战略都有其利弊,认真分析企业形势,做到知己知彼才能很好运用市场战略去击败对手。

项目三

手工沙盘运营

任务一 领会规则、掌握流程

任务描述

企业经营是企业的最基本的活动,在经营活动中,所有经营活动必须在法律规定的范围内进行,具有合法性,包括经营对象、经营方法、经营渠道等必须是符合法律规定的。同时,还要遵守行业内的各种约定。在开始企业模拟经营前,管理层必须了解、熟悉经营规则,掌握企业的运营流程,才能做到合法经营,在竞争中生产、发展。

一、熟悉企业运营流程

企业的实际运营过程是复杂的,在"ERP沙盘模拟企业经营"课程中,我们用企业运营流程简化了企业的实际运营过程。企业运营流程中反映了两个内容:一是企业经营过程中必须要做的各项工作;二是开展各项工作时需要遵循的先后顺序。

企业运营流程按时间顺序分为三个部分:年初项目、季度项目和年末项目(见表3-1)。

表 3-1 企业运营流程表

75	编号	初始权益	第一季	第二季	第三季	第四季
年初	1	年度规划(年初现金)				
	2	广告费				
	3	选单/登记订单				
	4	支付应交税金				
	5	支付长贷利息				
	6	更新/偿还长期贷款				
	7	申请长贷				

续表

	编号	初始权益	第一季	第二季	第三季	第四季
季度	1	季初现金盘点				
	2	更新短贷/短贷还本付息				
	3	申请短期贷款				
	4	原材料入库/更新原材料				
	5	下原材料订单				
	6	更新生产/完工入库				
	7	购买厂房（租用）				
	8	新建/在建生产线				
	9	生产线转产				
	10	生产线变卖				
	11	紧急采购				
	12	下一批生产				
	13	更新应收款				
	14	按订单交货				
	15	产品研发				
	16	厂房处理（租转买）				
	17	应收款贴现（随时进行）				
	18	出售库存（随时进行）				
	19	出售厂房（随时进行）				
	20	缴纳违约罚款				
	21	支付行政管理费				
	22	本季收入合计				
	23	本季支出合计				
	24	季末现金				
年末	1	新市场开拓				
	2	ISO 资格认证				
	3	支付设备维护费用				
	4	计提折旧				( )
	5	结账				

> **提 示**
> ◇ 执行企业运营流程时，必须按照自上而下、自左而右的顺序严格执行。
> ◇ 表 3-1 中数字仅记录现金的收入和支出，其他数据不以数字记录。
> ◇ 项目 17、18、19 不受时间限制，可随时进行。

二、年初运营项目

1. 年度规划每年年初新年度规划会议需要团队制定（调整）企业战略，做出经营规划、设备投资规划、营销策划方案等。

（1）本年度企业生产的产品种类及数量。
（2）企业本年度拟进入的细分市场和广告投放金额。
（3）企业本年度产品研发规划。
（4）企业本年度市场开拓规划。
（5）企业本年度生产线建设规划。
（6）企业本年度 ISO 资格认证规划。
（7）厂房购买、出售或租赁计划。

2. 广告投放

在"ERP沙盘模拟企业经营"课程中，企业在营销环节所做的努力都体现在"广告费"项目上，并以价值为具体表现载体（见表3-2）。

表 3-2 广告投放单

A						B					
第一年——A 组（本地）						第一年——B 组（本地）					
产品	广告	单额	数量	9K	14K	产品	广告	单额	数量	9K	14K
P1						P1					
P2						P2					
P3						P3					
P4						P4					

广告是分市场、分产品投放的，投入1M有一次选单机会，以后每多投2M增加一次选单机会。例：投入7M准备拿4张单，但是否能有4次拿单机会则取决于市场需求、竞争态势等；投入2M准备拿一张单，可以比投入1M的先拿单。

> 提示
> ◇ 广告单中的9K（ISO9000，质量）和14K（ISO14000，环境）一旦获取，不需要投入广告，打钩即可。
> ◇ 企业只能在具有市场资格的市场投放广告。

◆ 问题
① 想要三次选单机会需要投多少广告？
② 是不是投了广告就一定能拿到单？

企业广告投放的依据有三个：一是市场需求；二是目标销售；三是市场竞争状况。
（1）市场需求（见图3-1）。

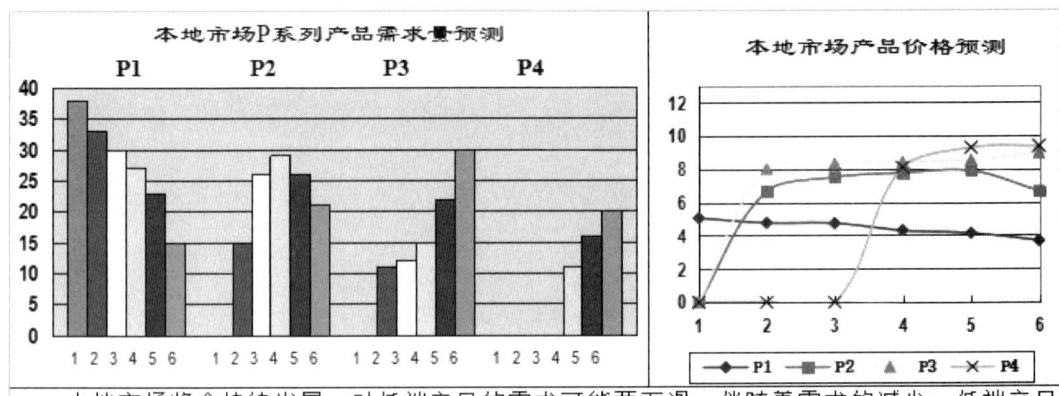

图 3-1 市场预测

图 3-1 是第 1~6 年本地市场 P 系列产品的市场预测资料,由左边的需求量预测柱形图和右边的价格预测折线图构成。

需求量预测柱形图:横坐标代表年,纵坐标代表产品数量,各产品下方柱形的高度代表该产品某年的市场预测需求总量。

价格预测折线图:横坐标表示年,纵坐标表示价格。

◆ 问题
① P1 产品在本地市场第五年的需求量和价格分别是多少?
② 就本地市场的市场预测来看,你的企业会选择销售什么产品?

(2) 目标销售。产能计算详见表 3-3。

表 3-3　　　　　　　　　产能计算表

产能计算	P1		P2		P3		P4	
	本季	累计	本季	累计	本季	累计	本季	累计
年初库存								
Q1								
Q2								
Q3								
Q4								
合计								

(3) 市场竞争程度。市场竞争程度由市场的供求关系决定。

3. 选单

(1) 选单次序:每个市场单一产品广告投入量──→该市场广告总投入──→上年市场地位──→非公开招标方式。

（2）每年年初开订货会，且一年只开一次订货会。
（3）客户订单（见图3-2）。

图3-2 客户订单

订单上的应收账期代表客户收货时货款的交付方式。如图3-2应收账期为4Q，代表客户付给企业的是4个季度到期的应收账款；若为0账期，则是现金付款。

订单上有ISO9000字样的，表示企业必须取得ISO9000资格才能选取该订单。

订单上标注有"加急！！！"字样的，必须在第一季度交货，逾期未交货，取消订单并处罚款。

（4）选单实际操作（见图3-3）。

第四年——A组（本地）					
产品	广告	定单总额	数量	9000	14000
P1					
P2					
P3	2			√	
P4					

第四年——B组（本地）					
产品	广告	定单总额	数量	9000	14000
P1					
P2					
P3	5			√	
P4					

第四年——C组（本地）					
产品	广告	定单总额	数量	9000	14000
P1					
P2					
P3	1				√
P4					

本地市场
2 P3
8.5M/个
= 17M
账期：4Q

本地市场
4 P3
8M/个
= 32M
账期：2Q
ISO9000

本地市场
2 P3
9M/个
= 18M
账期：1Q
ISO14000

本地市场
3 P3
7.6M/个
= 23M
账期：4Q

图3-3 选单的实际操作与技巧

问题：
- 如图3-3所示，谁先选单？
- 你会怎样选单？

选单要结合自己的产能情况、财务状况、产品价格差异等因素合理考虑各个市场：

①依据产能接适量的订单，防止出现违约的情况。

②合理分配广告费用，不要太节省导致选不到，也不要投入过多导致资金压力过大。

③充分掌握竞争对手的广告策略和订单信息。

4. 支付应交税金

如果企业经营盈利（即税前利润为正），每年所得税计入资产负债表应交税金，并在下一年初交纳。所得税按照弥补以前年度亏损后的余额为基数计算，税金向上取整。

税金 = ［（上年权益 + 本年税前利润）- 60］×25%（取整）——上年权益小余 60 时

税金 = 本年税前利润×25%（取整）——上年权益大余或等于 60 时

> 问题：
> - 今年利润表上税前利润为 -10，是否需要交税，交多少税？

5 ~ 7. 长期贷款（见表 3 - 4）

表 3 - 4　　　　　　　　　　长期贷款及财务费用

融资方式	规定贷款时间	最高限额	最长期限	财务费用	还款规定	备注
长期贷款	每年年初	上年所有者权益 X3 - 已贷贷款总额	5 年	10%	年初付息，到期还本	起贷金额不低于 10M

长期贷款每年仅有年初能借款，下一年年初付息，到期还本，贷款最长期限是 5 年，最短期限是 1 年，不得提前还款。还款利率为 10%，四舍五入。

> 提示
> ◇ 已贷贷款总额 = 已贷的长期贷款额度 + 已贷的短期贷款额度

三、季度运营项目

1. 季初现金盘点

每季度初将现金金额与盘面现金核对，并且保证季初现金能支付当季应支付的短期贷款本息，否则会因现金断流而导致企业破产。

2 ~ 3. 更新短贷/短贷还本付息、申请短期贷款（见表 3 - 5）

表 3 - 5　　　　　　　　　　短期贷款及财务费用

融资方式	规定贷款时间	最高限额	最长期限	财务费用	还款规定	备注
短期贷款	每季度初	上年所有者权益乘 3 - 已贷贷款总额	1 年	5%	到期一次还本付息	起贷金额不低于 10M

短期贷款只能每季度初借款,可申请的额度是"上年所有者权益×3 - 已贷贷款总额",一年后还本付息,贷款最长期限 1 年且不得提前还款。还款利率为 5%,四舍五入。

4~5. 原材料入库/更新原材料、下原材料订单

采购总监要适时、适量地采购生产所需原材料。

原材料分别为 R1、R2、R3、R4 四种,每种原料的价格均为 1M。

R1、R2 原料需一个季度的采购提前期,R3、R4 原料需两个季度的采购提前期,原料入库必须与原料订单一致(不能多也不能少),货款在原材料入库时一次付清(见图 3 - 4 至图 3 - 7)。

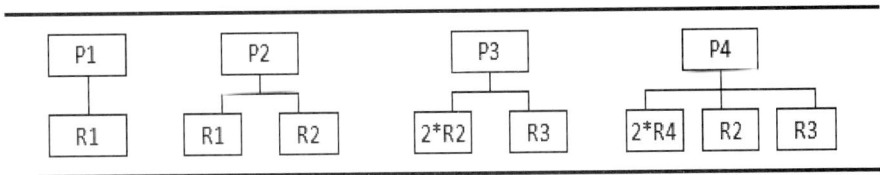

图 3 - 4　产品 BOM 结构:R1 红、R2 黄、R3 蓝、R4 绿

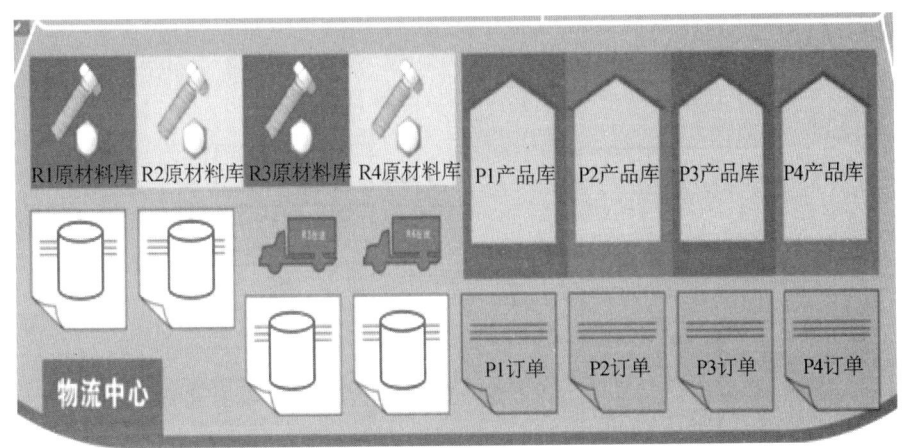

图 3 - 5　采购图

图 3 - 6　公司采购登记表的运用

生产能力及采购订货

生产线		第 1 年			
		一季度	二季度	三季度	四季度
1	产品		P1		P1
	材料	R1		R1	
2	产品		P2	P2	P2
	材料	R1 R2	R1 R2	R1 R2	
3	产品			P3	
	材料	2R2	R3		
合计	产品				
	材料	2R1 3R2	R1 R2 R3		

图 3-7 生产能力及采购订货

6. 更新生产/完工入库

生产总监将各生产线上的在制品推进一格。产品下线表示产品完工,将产品放置于相应的产成品库(见图 3-8)。

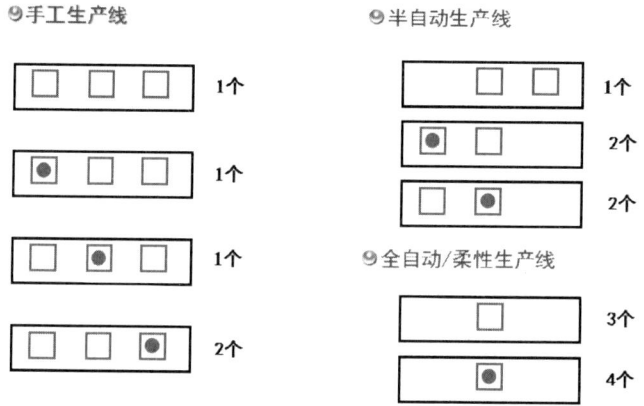

图 3-8 各种生产线计算生产能力

7. 购买厂房(租用)

厂房不计提折旧,可按购买价出售,得到 4 个账期的应收款(见表 3-6)。

表 3-6   厂房购买、出售与租赁

厂房	买价	租金	售价	容量
大厂房	40M	5M/年	40M(4 季)	6 条生产线
小厂房	30M	3M/年	30M(4 季)	4 条生产线

8. 新建/在建生产线(见图 3-9、表 3-7)

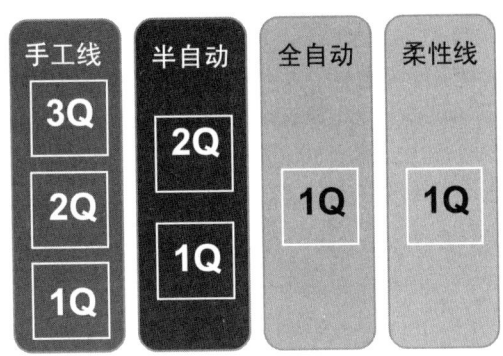

图 3-9 生产线

表 3-7　　　　　　　　　生产线购买、转产与维修、出售

生产线类型	购买价格	安装周期	生产周期	转产周期	转产费用	维修费用	残值
手工生产线	5M	无	3 季	无	无	1M/年	1M
半自动生产线	10M	2 季	2 季	1 季	1M	1M/年	2M
全自动生产线	15M	3 季	1 季	1 季	2M	2M/年	3M
柔性生产线	20M	4 季	1 季	无	无	2M/年	4M

（1）所有生产线均可以生产所有产品。

（2）投资新生产线需按季度平均支付投资，全部投资完成后下一季度可以使用，可中断续投。

（3）当年已建成的生产线即使未投入使用也需交维护费但不计提折旧，当年已售出的生产线不交维护费（见图 3-10）。

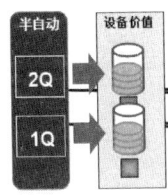
- 自己领取生产线牌，放置到某个厂房位置；
- 放置 2 个空桶
- 第一季度（领牌季度）投入 4 个币；
- 第二季度投入 4 个币；
- 第三季度可投入使用，将币放到设备价值区。

图 3-10　生产线购买实际操作

9. 生产线转产（见表 3-8）

表 3-8　　　　　　　　　　　生产线转产

生产线类型	转产周期	转产费用
手工生产线	无	无
半自动生产线	1 季	1M
全自动生产线	1 季	2M
柔性生产线	无	无

生产线转产是指生产线转而生产其他产品，如半自动生产线原来生产 P1 产品，如果转产 P2 产品，需要改装生产线，因此需要停工一个季度，并支付 1M 的改装费用。

生产线转而生产其他产品，需线上没有产品，转产期间不可生产，转产完成下一季度可生产。

10. 生产线变卖（见表 3-9）

表 3-9　　　　　　　　　　　　生产线残值

生产线类型	残值
手工生产线	1M
半自动生产线	2M
全自动生产线	3M
柔性生产线	4M

出售生产线时，需线上没有产品。

生产线以残值出售，残值直接转入现金库。

如生产线净值 > 残值，从生产线净值中取出等同于残值的部分置于现金库，将净值与残值差额部分计入损失（综合费用——其他）。

11. 紧急采购（随时进行）

可在任何时候进行紧急采购，原材料价格为直接成本的 2 倍；成品价格为直接成本的 3 倍。紧急采购高出成本的金额计入（综合费用表——其他）。例：花费 2M 紧急采购原材料 1 个 R3，原材料 1 个 R3 的原价为 1M 计入直接成本，多花费的 1M 计入综合费用表——其他。

12. 下一批生产

产品研发完成后可以接单进行生产。不同产品需要的原材料不同，各种产品所用到的原料及数量如图 3-11 所示。

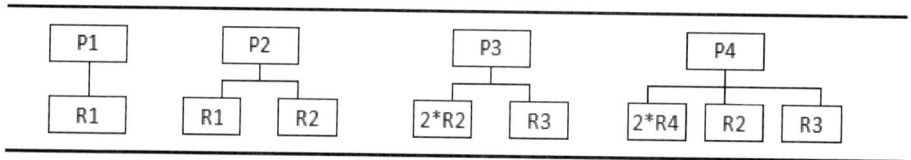

图 3-11　产品 BOM 结构：R1 红、R2 黄、R3 蓝、R4 绿

开始生产时，按 BOM 结构要求将原料放在生产线上并支付加工费，各种生产线生产的每一个产品的加工费均为 1M。

空生产线才能上线生产，一条生产线在同一时刻只能生产一个产品。上线生产必须有原料，否则必须停工待料（见图 3-12）。

13. 更新应收款

将应收款向现金库方向推进一期，达到现金库时即为现金。

14. 按订单交货

如果产成品库中的产成品数量达到客户订单要求，则可按照客户订单约定数量交付给客户，并获得相应的应收账款，若应收账款为 0 账期，则表明收到的是现金。

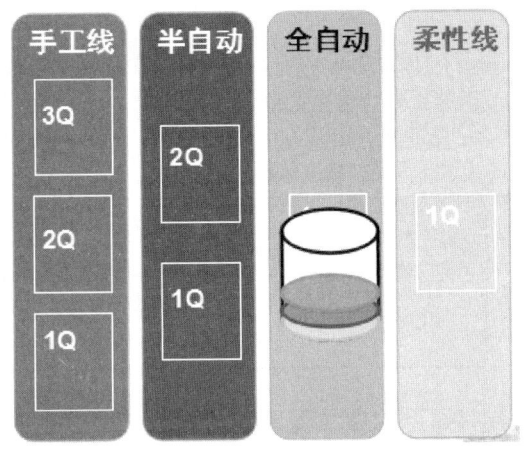

图 3-12 全自动线生产 P2 产品

15. 产品研发

不同技术含量的产品，需要投入的研发时间和研发费用是不同的（见表 3-10）。

表 3-10　　　　　　　　　　产品研发表

产品	P1	P2	P3	P4
研发时间	2 季	3 季	4 季	5 季
研发投资	1M/季	1M/季	1M/季	1M/季

各产品可同步研发，资金不足时研发可中断或终止，不可加速投资，全部投资完成的下一周期方可开始生产。

产品研发投入完成后，可领取生产资格证（见图 3-13）。

图 3-13　产品的生产资格示意图

问题：
- 企业从第一年第三季开始研发 P4，第二年第二季由于资金不足停止研发一期，第三季继续研发，请问企业什么时候可以生产 P4 产品？
- 企业第三年能不能在订货会时拿去 P4 产品订单？

16. 厂房处理（租转买）

(1) 租用厂房如果离上次付租金满一年，可以转为购买，扣除现金。

（2）如果租用厂房离上次付租金满一年，且没有生产线，可退租厂房。

（3）如果租用厂房离上次付租金满一年，需要继续租用，则交付租金。

17. 应收款贴现（随时进行）（见表3-11）

表3-11　　　　　　　　　　应收账款贴现及财务费用

融资方式	规定贷款时间	最高限额	最长期限	财务费用	还款规定	备注
应收贴现	任何时间	最大应收款	无	1、2期10% 3、4期12.5%	贴现时付息	应收贴现

（1）可在任意时间对应收账款贴现，可贴现的次数不限，但贴现金额必须小于或者等于应收账款的总金额。

（2）应收款第1、2期与第3、4期分开贴现。

（3）贴现费用计入财务费用，贴现费用（向上取整）＝贴现的应收账款金额×对应的贴现率。

18. 出售库存（随时进行）

库存包括原材料库存和产成品库存，原材料库存按成本价8折进行出售，产成品库存按原价进行出售。

可在任意时间出售库存，按折扣率回收现金，所取得的现金向下取整，损失部分计入费用的损失。

19. 出售厂房（随时进行）

（1）如果拥有厂房，但无生产线，任意时间可卖出，增加4Q应收款。

（2）如果拥有厂房且有生产线，任意时间可卖出，卖出后增加4Q应收款，并扣租金。

20. 缴纳违约罚款

在手工沙盘中，如果没有特殊说明，普通订单可以在当年内任一季度交货。如不能按期交货，当年扣除该张订单总金额的25%作为罚款（计入综合费用表——其他），且收回该张订单。

21. 支付行政管理费

行政管理费用是企业为了维持运营发放的管理人员工资、必要的差旅费、招待费等。每个季度支付1M的管理费，计入费用表——管理费。

22~23. 本季收入、支出合计

统计本季所有的现金收入金额总额。

统计本季所有的现金支出金额总额。

24. 季末现金

季末现金 = 季初现金 + 本季现金收入合计 - 本季现金支出合计

计算后金额与盘面实际操作金额进行核对。

四、年末运营项目

1. 新市场开拓（见表3-12）

表3-12　　　　　　　　　　市场开拓所需时间和资金投入

市场	开发费用	开发时间
本地	1M/年	1年
区域	1M/年	1年
国内	1M/年	2年
亚洲	1M/年	3年
国际	1M/年	4年

（1）不同的市场需要投入的费用及时间不同；各市场可同时开发。
（2）不能加速投资，资金短缺时可随时中断。
（3）市场投入全部完成后持全部投资换取市场准入证，拿到证之后方可在该市场接单。

2. ISO资格认证（见表3-13）

表3-13　　　　　　　　　国际认证需要投入的时间及认证费用

ISO认证体系	ISO9000质量认证	ISO14000环境认证
持续（认证）时间	2年	3年
认证费用	1M/年	1M/年

（1）可同时进行，可中断，可续投。
（2）认证完成后领取资质，下期可用。

3. 支付设备维护费用（见表3-14）

表3-14　　　　　　　　　　各类生产线设备维护费用

生产线类型	维修费用
手工生产线	1M/年
半自动生产线	1M/年
全自动生产线	2M/年
柔性生产线	2M/年

（1）当年在建设备不用支付设备维护费。
（2）当年已出售设备不用支付维护费。
（3）设备已建成并已投入使用需要缴纳维护费。
（4）当年已建成但当年未投入使用的设备也要缴纳维护费。

4. 计提折旧

固定资产的成本随着逐期分摊，转移到它所生产的产品中去，这个过程称为计提折旧（见表3-15）。

所有设备可使用年限均为4年，4年后折旧提至残值后不再计提，可继续使用，按残值出售。

当年建成的生产线不计提折旧。

当年已建成未使用的生产线，仍需计提折旧。

表 3-15　　　　　　　　　　　各类生产线折旧表

生产线	原值	残值	第一年	第二年	第三年	第四年
手工生产线	5	1	1	1	1	1
半自动生产线	10	2	2	2	2	2
全自动生产线	15	3	3	3	3	3
柔性生产线	20	4	4	4	4	4

5. 结账

（1）结账并填报财务报表。

（2）每年年末提交报表并检查无误后，所有综合费用全部清出盘面。

（3）所有资质、产品、市场开拓费用，在投入完成后直接清出盘面，换取标牌。

任务二　报表编制与财务分析

任务描述

在"ERP沙盘模拟企业经营"课程中，与财务相关的报表主要有订单登记表、综合管理费用明细表、现金计划表、利润表和资产负债表。

每年末需要提交的报表有综合管理费用明细表、利润表和资产负债表。

一、报表编制

1. 综合管理费用明细表的填列

该表用于记录企业日常运营过程中发生的各项费用（见表3-16）。

表 3-16　　　　　　　　　　　综合费用表

项目	数据来源	备注
管理费	管理费用是固定的，每季度1M，全年共4M	
广告费	年初参加订货会议，所有细分市场投放的广告总额	
维护费	根据年末已安装完成的生产线缴纳维护费填写	
转产费	根据当年转产的半自动生产线和全自动生产线所产生的转产费用填写	
厂房租金	租用厂房所产生的费用	
市场开拓	按照当年实际支付数额填列，备注栏中用数字说明明细	本地（　）区域（　） 国内（　）亚洲（　） 国际（　）
ISO认证	按照当年实际支付数额填列，备注栏中用数字说明明细	ISO9000（　） ISO14000（　）
产品研发	按照当年实际研发支付数额填列，备注栏中用数字说明明细	P1（　）P2（　） P3（　）P4（　）

续表

项目	数据来源	备注
信息费	未到间课时间获取其他组的经营信息所支付的金额？	
其他	1. 出售固定资产产生的损失； 2. 紧急采购产生的损失； 3. 订单违约罚款	
合计	综合费用表中所有数据的总和	

2. 利润表的填列

利润表是反映企业在一定会计期间经营成果的报表。由于它反映的是某一期间的情况，所以，又被称为动态报表。它全面揭示了企业在某一特定时期实现的各种收入、发生的各种费用、成本或支出，以及企业实现的利润或发生的亏损情况。年末，核算企业当年的经营成果，编制利润表（见表3-17）。

表3-17 利 润 表

项目	数据来源
销售收入	企业当年按订单实际交货的金额，向系统出售产品的金额不计入此项目
直接成本	订单交货产品直接生产成本的总和
毛利	毛利 = 销售收入 - 直接成本
综合费用	综合管理费用明细表中的合计项
折旧前利润	折旧前利润 = 毛利 - 综合费用
折旧	生产线按折旧规则提取的折旧额
支付利息前利润	支付利息前利润 = 折旧前利润 - 折旧
财务费用	企业为了筹集生产经营所需资金而发生的筹资费用，包括长期贷款利息、短期贷款利息、贴现利息的总和
税前利润	税前利润 = 支付利息前利润 - 财务费用
所得税	企业在盈利的情况下，以弥补以前年度亏损后的余额为基数，乘以25%所得税率所计算的成果
净利润	又称税后利润，净利润 = 税前利润 - 所得税

3. 资产负债表的填列

资产负债表是反映企业在某一特定日期全部资产、负债和所有者权益情况的会计报表，是企业经营活动的静态体现，根据"资产 = 负债 + 所有者权益"这一平衡公式，依照一定的分类标准和一定的次序，将某一特定日期的资产、负债、所有者权益的具体项目予以适当的排列编制而成。它表明权益在某一特定日期所拥有或控制的经济资源、所承担的现有义务和所有者对净资产的要求权。它是一张揭示企业在一定时点财务状况的静态报表。

在"ERP沙盘模拟企业经营"课程中，每年年末需要填列一张简易的资产负债表（见表3-18）。

表 3-18　　　　　　　　　　　　　　　资产负债表

项目	数据来源	项目	数据来源
现金	现金库中的现金	长期负债	长期贷款
应收款	年末仍未到期应收账款	短期负债	短期贷款
在制品	生产线上的在制品	应交税金	本年所得税，根据利润表中所得税填列
产成品	产成品库中的产成品库存	—	
原材料	原材料库中的原材料库存		
流动资产合计	以上五项之和	负债合计	以上三项之和
土地和建筑	已购买的厂房价值之和	股东资本	股东资本不增资的情况下为 60
机器与设备	生产线净值	利润留存	上一年利润留存 + 上一年年度净利
在建工程	在建生产线的价值	年度净利	根据利润表中的净利润填列
固定资产合计	以上三项之和	权益合计	以上三项之和
资产总计	流动资产合计 + 固定资产合计	负债权益	负债合计 + 权益合计

二、财务分析

杜邦分析法（DuPont Analysis），是利用几种主要的财务比率之间的关系来综合地分析企业的财务状况。具体来说，它是一种用来评价公司赢利能力和股东权益回报水平，从财务角度评价企业绩效的一种经典方法。其基本思想是将企业净资产收益率逐级分解为多项财务比率乘积，这样有助于深入分析比较企业经营业绩。由于这种分析方法最早由美国杜邦公司使用，故名杜邦分析法。

杜邦分析法有助于企业管理层更加清晰地看到权益基本收益率的决定因素，以及销售净利润与总资产周转率、债务比率之间的相互关联关系，给管理层提供了一张明晰的考查公司资产管理效率和是否最大化股东投资回报的路线图（见图 3-14）。

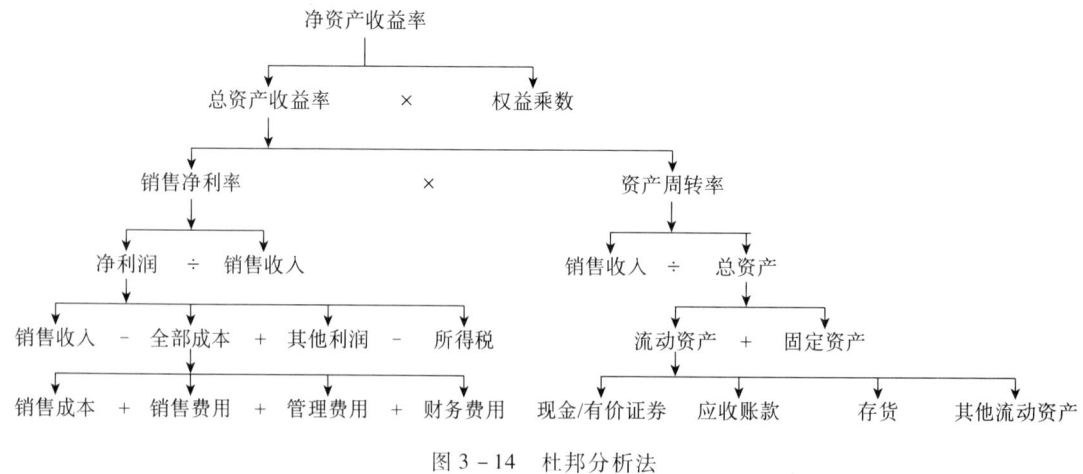

图 3-14　杜邦分析法

总资产收益率是影响净资产收益率的最重要的指标，具有很强的综合性，而总资产收益率又取决于销售净利率和总资产周转率的高低。

总资产周转率是反映总资产的周转速度。对资产周转率的分析，需要对影响资产周转的各因素进行分析，以判明影响公司资产周转的主要问题在哪里。

销售净利率反映销售收入的收益水平。扩大销售收入，降低成本费用是提高企业销售利润率的根本途径，而扩大销售，同时也是提高资产周转率的必要条件和途径。

权益乘数表示企业的负债程度，反映了公司利用财务杠杆进行经营活动的程度。资产负债率高，权益乘数就大，这说明公司负债程度高，公司会有较多的杠杆利益，但风险也高；反之，资产负债率低，权益乘数就小，这说明公司负债程度低，公司会有较少的杠杆利益，但相应所承担的风险也低。

任务三　学会经营

任务描述

在此任务中，教师将带领学员进行教学年操作，为了在教学年尽可能地多演示规则的实际操作，本书作者设计了两年的教学演示年，流程包括长期贷款和短期贷款的申请、产品的研发、厂房租用、生产线的建设、原材料的订购、产品的生产、新市场开拓、ISO 资格认证、填写财务报表等操作。希望通过两个教学年的模拟操作，可以让学员更好地熟悉规则，明晰企业运营流程。

一、教学年第一年运营

1. 教学年第一年年度规划

在教学年第一年，为了让大家更好地领会长期贷款和短期贷款的申请、产品的研发、厂房租用、生产线的建设、原材料的订购、产品的生产、新市场开拓、ISO 资格认证、填写财务报表，并熟悉相应的操作。为此，企业高层管理者第一年初做出以下决策：

（1）为演示长期贷款的申请和利息支付，本年初计划申请 5 年的 20M 长期贷款。
（2）为演示短期贷款的偿还和利息支付，Q4 计划申请 20M 短期贷款。
（3）开发 P1、P3 产品。
（4）租用一个小厂房进行生产作业。
（5）为了展示各生产线的建设和使用方式，计划建一条手工线、一条半自动线、一条自动线。

建线计划如表 3 - 19 所示。

表 3 - 19　　　　　　　　　　建线计划表

时间	开始建设	在建	产品	备注
第一季度	半自动		P1	半自动线经 2Q 建成，Q3 可开始生产
第二季度	自动线	半自动	P3	自动线本季度开建是为了配合 P3 研发时间，经 3Q 建成，下一年 Q1 可开始生产，且当年建成当年不提折旧，故自动线从第三年才计提折旧
第三季度	手工线	自动线	P1	手工线即买即用
第四季度		自动线		

（6）制订第一、二年生产计划及采购订货（见表3-20）。

表3-20　　　　　　　　　教学年一、二年生产计划及采购订货

生产线	时间							
	第一年				第二年			
	Q1	Q2	Q3	Q4	Q1	Q2	Q3	Q4
手工线			P1					
材料		R1						
半自动线			P1		P1		转产	
材料		R1		R1				
自动线					P3	P3	P3	
材料			R3	2R2 R3	2R2 R3	2R2		

（7）开拓全部市场。
（8）ISO资格均投资。

2. 教学年第一年年度经营流程（见表3-21）

表3-21　　　　　　　　　第一年经营流程

时间	编号	初始权益	60	第一季	第二季	第三季	第四季
年初	1	年度规划（年初现金）	60				
	2	广告费	×				
	3	选单/登记订单	×				
	4	支付应交税金	×				
	5	支付长贷利息	×				
	6	更新/偿还长期贷款	×				
	7	申请长贷	20				
季度	1	季初现金盘点		80	69	56	40
	2	更新短贷/短贷还本付息		×	×	×	×
	3	申请短期贷款		×	×	×	20
	4	原材料入库/更新原材料		×	×	2	×
	5	下原材料订单		×	R1*2	R3	R2*2 R3 R1
	6	更新生产/完工入库		×	×	×	√
	7	购买厂房（租用）		3	×	×	×
	8	新建/在建生产线		5	10	10	5
	9	生产线转产		×	×	×	×
	10	生产线变卖		×	×	×	×
	11	紧急采购		×	×	×	×
	12	下一批生产		×	×	2	×
	13	更新应收款		×	×	×	×

续表

时间	编号	初始权益	60	第一季	第二季	第三季	第四季
季度	14	按订单交货		×	×	×	×
	15	产品研发		2	2	1	1
	16	厂房处理（租转买）		×	×	×	×
	17	应收款贴现（随时进行）		×	×	×	×
	18	出售库存（随时进行）		×	×	×	×
	19	出售厂房（随时进行）		×	×	×	×
	20	缴纳违约罚款		×	×	×	×
	21	支付行政管理费		1	1	1	1
	22	本季收入合计		0	0	0	20
	23	本季支出合计		11	13	16	7
	24	季末现金		69	56	40	53
年末	1	新市场开拓					5
	2	ISO资格认证					2
	3	支付设备维护费用					2
	4	计提折旧					(0)
	5	结账					44

3. 教学年第一年报表的填写（见表3-22）

表3-22　　　　　　　　　　　　　第一年报表

综合费用表		
项目	金额	备注
管理费	4	
广告费	0	
维护费	2	
转产费	0	
厂房租金	3	
市场开拓	5	本地（1）区域（1） 国内（1）亚洲（1） 国际（1）
ISO认证	2	ISO9000（1） ISO14000（1）
产品研发	6	P1（2）P2（　） P3（4）P4（1）
信息费	0	
其他		
合计	22	

利润表	
项目	金额
销售收入	0
直接成本	0
毛利	0
综合费用	22
折旧前利润	-22
折旧	0
支付利息前利润	-22
财务费用	0
税前利润	-22
所得税	0
净利润	-22

资产负债表					
项目	上年数	本年数	项目	上年数	本年数
现金		44	长期负债		20
应收款		0	短期负债		20
在制品		4	应交税金		0
产成品		0	—		
原材料		0	—		
流动合计		48	负债合计		40
土地和建筑		0	股东资本		60
机器与设备		15	利润留存		0
在建工程		15	年度净利		－22
固定合计		30	权益合计		38
资产总计		78	负债权益		78

4. 教学年第一年末运营状态示意图（见图3－15）

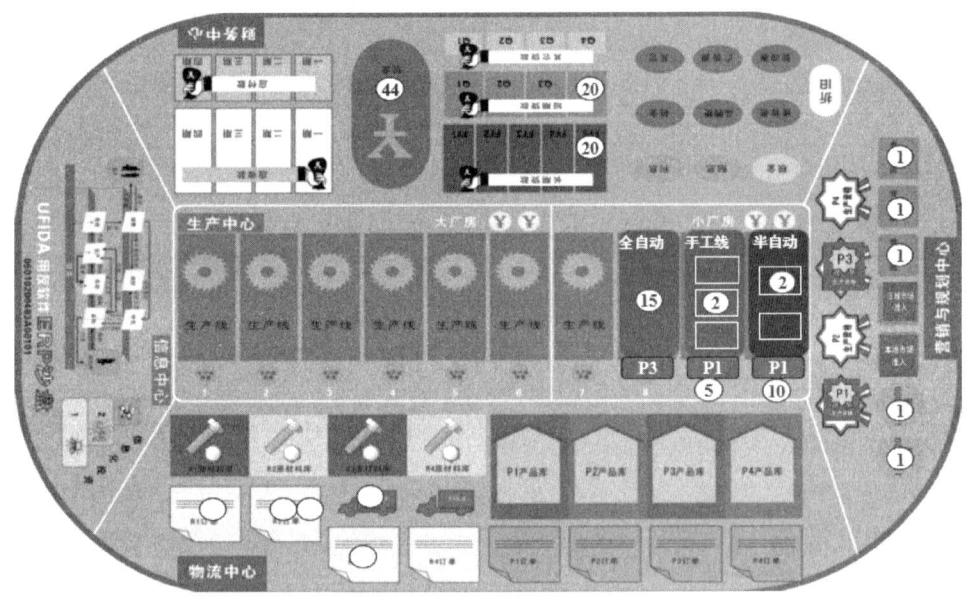

图3－15 年末盘面示意图

二、教学年第二年经营

1. 教学年第二年年度规划

在教学年第二年，主要是让大家体验投放广告、获取订单、支付长贷利息、厂房租转买、变卖生产线、生产线转产、按订单交货、应收款贴现、偿还短期贷款、更新应收账款、计提生产线折旧、填写财务报表，并熟悉相应的操作。

（1）在年度规划时，首先进行产能计算。根据当年产能进行广告投放，教学年计划，计算出本年产能为 3 个 P1, 3 个 P3。投放 3M 的广告,获取 3 张订单(见表 3 – 23)。

表 3 – 23　　　　　　　　　　教学年一、二年产成品出库时间表

生产线	时间							
	第一年				第二年			
	Q1	Q2	Q3	Q4	Q1	Q2	Q3	Q4
手工线						P1		
半自动线					P1		P1	
自动线						P3	P3	P3

(2) 偿还第一年 20M 长期贷款的利息 = 20×10% = 2M。根据第二年预算寻找资金缺口,决定于第二年年初再申请 14M 的长期贷款。

(3) 租用厂房满一年,改为租转买,花费 30M。

(4) 为了让大家熟悉生产线变卖操作,计划在手工线完成生产后(Q2),将手工线变卖,变卖手工线残值 1M 进入现金,其余 4M 计入损失(综合费用表里其他项)。

(5) 为了让大家熟悉生产线转产的操作,计划在半自动线完成两个 P1 生产后(Q3)进行转产操作。操作为:当季停工,并支付 1M 转产费用。

(6) 对获取的订单进行交货。

(7) 为了让大家熟悉应收款贴现操作,在资金不足时使用对应收款进行贴现。

(8) 教学年第一年 Q4 短贷到期,需要进行短期贷款的还本付息,偿还短期贷款后才能进行新的贷款。

(9) 年末对半自动线进行计提折旧。

2. 教学年第二年年度经营流程(见表 3 – 24 至表 3 – 28、图 3 – 16)

表 3 – 24　　　　　　　　　　广告表

第一年——A 组(本地)						第一年——A 组(区域)					
产品	广告	单额	数量	9K	14K	产品	广告	单额	数量	9K	14K
P1	1					P1					
P2						P2					
P3	1					P3	1				
P4						P4					

教学年　客户订单

第2年　本地市场　LP1-1/6
产品数量:　3 P1
产品单价:　5.7M/个
总金额:　17M
应收账期:　1Q

第2年　本地市场　LP3-1/11
产品数量:　1 P3
产品单价:　8M/个
总金额:　8M
应收账期:　2Q

第2年　区域市场　LP3-1/7
产品数量:　2 P3
产品单价:　8M/个
总金额:　16M
应收账期:　0Q

图 3 – 16　订单详情

表 3-25　　　　　　　　　　　　第二年经营流程表

时间	编号	上年权益	36	第一季	第二季	第三季	第四季
年初	1	年度规划（年初现金）		44			
	2	广告费		3			
	3	选单/登记订单		√			
	4	支付应交税金		×			
	5	支付长贷利息		2			
	6	更新/偿还长期贷款		√			
	7	申请长贷		14			
季度	1	季初现金盘点		53	16	12	24
	2	更新短贷/短贷还本付息		√	√	√	20+1
	3	申请短期贷款		×	×	×	×
	4	原材料入库/更新原材料		4	3	3	×
	5	下原材料订单		R2*2 R3	R2*2	×	×
	6	更新生产/完工入库		√	√	√	√
	7	购买厂房（租用）		×	×	×	×
	8	新建/在建生产线		×	×	×	×
	9	生产线转产		×	×	1	×
	10	生产线变卖		×	1	×	×
	11	紧急采购		×	×	×	×
	12	下一批生产		2	1	1	×
	13	更新应收款		×	×	√	5
	14	按订单交货		×	lp3-1/11	lp1-1/6	16（lp3-1/7）
	15	产品研发		×	×	×	×
	16	厂房处理（租转买）		30	×	×	×
	17	应收款贴现（随时进行）		×	×	20-2	×
	18	出售库存（随时进行）		×	×	×	×
	19	出售厂房（随时进行）		×	×	×	×
	20	缴纳违约罚款		×	×	×	×
	21	支付行政管理费		1	1	1	1
	22	本季收入合计		0	1	20	21
	23	本季支出合计		37	5	8	22
	24	季末现金		16	12	24	23
年末	1	新市场开拓					×
	2	ISO资格认证					×
	3	支付设备维护费用					3
	4	计提折旧					(2)
	5	结账					20

表 3-26　　　　　　　　　第二年订单登记表

订单号	lp1-1/6	Lp3-1/11	Lp3-1/7						合计
市场	本地	本地	区域						
产品	P1	P3	P3						
数量	3	1	2						
账期	1	2	0						
销售额	17	8	16						
成本	6	4	8						
毛利	11	4	8						
罚款									

表 3-27　　　　　　　　　第二年产品核算统计表

	P1	P2	P3	P4	合计
数量	3		3		6
销售额	17		24		41
成本	6		12		18
毛利	11		12		23

表 3-28　　　　　　　　　第二年按订单交货（应收账款）

		第一季	第二季	第三季	第四季
应收	0 期				16
	1 期			17	
	2 期		8		
	3 期				
	4 期				
贴现	1 期			20	
	2 期				
	3 期				
	4 期				
	贴息	0	0	2	0

3. 教学年第二年报表的填写（见表 3-29）

表 3-29　　　　　　　　　第二年报表

综合费用表		利润表	
项目	金额	项目	金额
管理费	4	销售收入	41
广告费	3	直接成本	18
维护费	3	毛利	23
转产费	1	综合费用	15
厂房租金	0	折旧前利润	8
市场开拓	0	折旧	2
ISO 认证	0	支付利息前利润	6
产品研发	0	财务费用	5
信息费	0	税前利润	1
其他	4	所得税	0
合计	15	净利润	1

资产负债表					
项目	上年数	本年数	项目	上年数	本年数
现金	44	20	长期负债	20	34
应收款	0	0	短期负债	20	0
在制品	4	0	应交税金	0	—
产成品	0	0			—
原材料	0	0			—
流动合计	48	20	负债合计	40	34
土地和建筑	0	30	股东资本	60	60
机器与设备	15	23	利润留存	0	-22
在建工程	15（20）	0	年度净利	-22	1
固定合计	30	53	权益合计	38	39
资产总计	78	73	负债权益	78	73

4. 教学年第二年末运营状态示意图（见图 3-17）

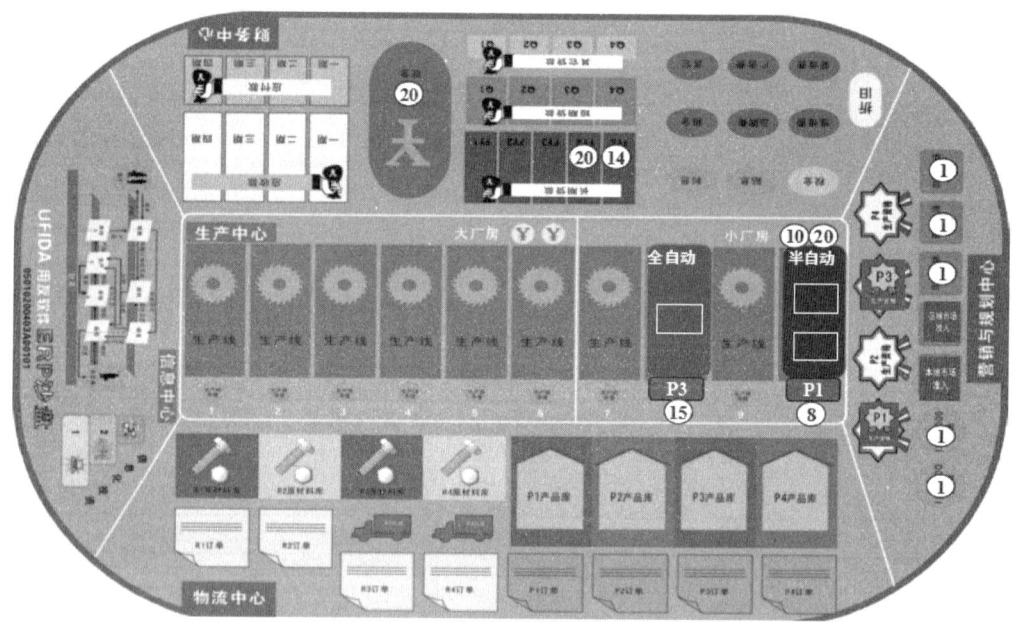

图 3-17 第二年盘面示意图

任务四 经营感悟

任务描述

通过模拟企业六年的经营，大家将在制定战略、分析市场、生产组织和财务管理一系列活动中，参悟科学的管理规律，全面提升管理能力。

一、第一年经营感悟：企业战略的选择——SWOT 分析方法

SWOT 分析方法是一种企业内部分析方法，即根据企业自身的既定内在条件进行分析，找出企业的优势、劣势及核心竞争力之所在，从而将公司的战略与公司内部资源、外部环境有机结合。

其中，S 代表 Strength（优势），W 代表 Weakness（弱势），O 代表 Opportunity（机会），T 代表 Threat（威胁），其中，S、W 是内部因素，O、T 是外部因素。按照企业竞争战略的完整概念，战略应是一个企业"能够做的"（即组织的强项和弱项）和"可能做的"（即环境的机会威胁）之间的有机组合。运用这种方法，可以对研究对象所处的情景进行全面、系统、准确的研究，从而根据研究结果制定相应的发展战略、计划以及对策等（见图 3-18）。

优势(内部积极因素)	劣势(内部消极因素)
关于议题的有利方面 可以利用的资源： 擅长什么？在哪些方面取得过成功？ 有何积极的经验？ 在体制上有哪些积极因素？	关于议题的不利方面 缺少的资源： 不擅长什么？ 有何困难和瓶颈问题？ 有哪些恐惧或担心？
与议题有关的可利用的(机构或团队之外的)条件、支持和期望 对目标有利的外部因素： 谁可能支持我们的想法？ 如何可以得到支持？ 有利的外部形势和需求	关于议题的外部不利因素 消极的形势和条件： 谁或什么在反对我们？ 外部的消极影响
机会(外部积极因素)	威胁(外部消极因素)

图 3-18　SWOT 分析方法

二、第二年经营感悟：合理的贷款

贷款投资一条半自动生产线需要 10M，2Q 可生产 1 个 P2（见表 3-30）。

表 3-30　　　　　　　　　　　　成本回收表

计算期年份	1	2	3	4
现金收入	0M	18M	12M	12M
现金支出	14M	9M	9M	9M
各年现金净流量	-14M	9M	3M	3M
现金净流量累积	-14M	-5M	-2M	1M

从表 3-30 可以看出，若不考虑银行利息，需要用 4 年才能收回成本！

不同的贷款用在不同的地方：

长期贷款——固定资产

长期贷款可用于解决工商企业在生产经营活动中对固定资产的维修、更新、改造和扩大规模等不同资金需求而发放的固定资金贷款，是以支持企业进行技术改造、技术进步、扩大再生产能力、提高企业素质、增强竞争实力为目的的中长期融资，具有垫支性和投资性双重性质。

短期贷款——流动资产

短期贷款，系指贷款期限在1年以内（含1年）的贷款。短期贷款一般用于借款人生产、经营中的流动资金需要。

三、第三年经营感悟：广告投入产出分析

在"ERP沙盘模拟企业经营"课程中，如果在前期盲目投放过多的广告费去争取订单，会导致现金流出过多，而不得不推迟产品的研发、生产线的建设等，最终导致产能无法扩大、现金流出过多。同时，由于广告费过多，影响当期利润的增长，所有者权益也会快速下降，对后期资金筹集产生负面影响。

所以，一味追求以较高的广告投入获得较多订单的策略并不是企业经营的最优策略，企业所追求的目标应该是使投放的广告费产生最大效益，使广告投入产出比最大化，尽量避免浪费。

广告投入产出比是评价广告投入收益率的指标，说明广告投入的决策是否合理，简单来说就是企业所投入资金的回报程度。计算公式为：

广告投入产出比 = 订单销售额/总广告投入

广告投入产出比可用来比较各企业在广告投入上的差异。这个指标告诉经营者：本公司与竞争对手之间在广告投入策略上的差距，警示营销总监深入分析市场和竞争对手，寻求节约成本、策略取胜突破口。

四、第四年经营感悟：市场竞争的基本策略

（一）竞争地位

根据企业在市场上的竞争地位不同，企业的市场竞争地位可以分为四种类型：市场领先者、市场挑战者、市场跟随者、市场补缺者。

（二）市场领先者策略

1. 市场领先者：是指行业中在同类产品的市场上占有率最高的企业。
2. 市场领先者策略

（1）扩大需求量策略。

①不断发现新的购买者和使用者；

②开辟产品的新用途；

③增加产品的使用量。

（2）保护市场占有率策略。

（3）提高市场占有率。即市场领先者设法通过提高企业的市场占有率的途径来增加收益、保持自身的成长和主导地位。

（三）市场挑战者和市场跟随者策略

1. 市场挑战者和市场跟随者是指那些在市场上处于第二、第三甚至更低地位的企业。

（1）市场挑战者：争取达到市场领先地位，向竞争者挑战的企业。

（2）市场跟随者：安于次要地位，参与竞争但不扰乱市场局面，力争在共处的状态下求得尽可能多的利益的企业。

2. 市场挑战者策略

确定策略目标和挑战对象

（1）攻击市场领先者；

（2）攻击市场挑战者或追随者；

（3）攻击地区小企业。

3. 市场跟随者策略

（1）紧密跟随；

（2）距离跟随；

（3）选择跟随。

（四）市场补缺者策略

1. 市场补缺者——就是指精心服务于总体市场中的某些细分市场，避开与占主导地位的企业竞争，只是通过发展独有的专业化经营来寻找生存与发展空间的企业。

2. 补缺基点的特征

（1）有足够的市场潜量和购买力；

（2）利润的增长的潜力；

（3）对主要竞争者不具有吸引力；

（4）企业具有占据该补缺基点所必须的资源和能力；

（5）企业已有的信誉足以对抗竞争者。

3. 市场补缺者策略

善于发现和尽快占领自己的补缺市场，并不断扩大和保护自己的补缺市场。

五、第五年经营感悟：开源节流、即需即供

在沙盘模拟经营当中，我们要尽量减少不必要的浪费和开支，例如在选订单时要谨慎选择以免超出企业生产产能造成不必要的浪费。在建设生产线方面，必须即时建成即时投入生产，以免缴纳不必要的维护费用。

在贷款方面，尽量做到以填补预算资金缺口为目的。切记不要因为闲置资金、或是资金流转而带来亏损。保证资金利用率最大化。

六、第六年经营感悟

创新要宽容失败，给创新以空间

　　要使创新勇于冒险，就要提倡功过相抵，给创新以空间　允许有风险、允许创新。科研不可能都是成功的，应有一定的冒险。科研追求的应是投资有效性，但如果有一天研发上报的创新项目100%都成功了，100%的投资都发生作用了，那就是错误的。为什么？因为不冒险就是最大的资源浪费：浪费了人力、物力与时间。100%做成功就意味着一点风险都没有冒，而没有冒险就意味着没有创新，所以创新就一定要勇于冒险，允许风险就是允许创新。

任务五　创新商业模式画布

任务描述

学员在经营企业的过程中不断地发掘自身企业的经营项目，最终在创新商业模式画布中把自己的项目体现出来，通过商业模式画布，学员可以对自己的项目有个全方位的了解，方便未来在建设公司中起到很强的指导作用。

商业模式：是为实现客户价值最大化，把能使企业运行的内外各要素整合起来，形成一个完整的高效率的具有独特核心竞争力的运行系统，并通过最优实现形式满足客户需求、实现客户价值，同时使系统达成持续赢利目标的整体解决方案。

简言之：商业模式创新是为公司、客户和社会创造新的价值。就是公司通过什么途径或方式来赚钱。

[例 3-1]　图 3-19 为商业模式画布案例，通过商业模式画布，我们可以清晰地看出企业商业模式的构造，直观地反映出企业的创业项目。

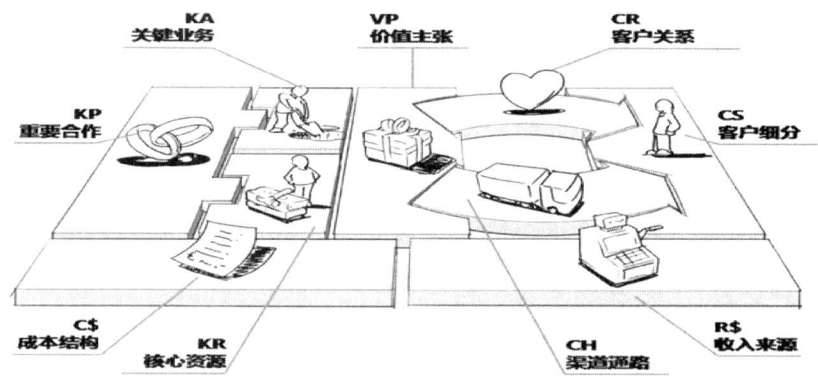

图 3-19　商业模式画布案例

设计你的商业模式画布!

商业模式画布:

(1) 围绕团队项目,设计项目商业模式;

(2) 小组讨论,团队代表分享展示(见图 3-20)。

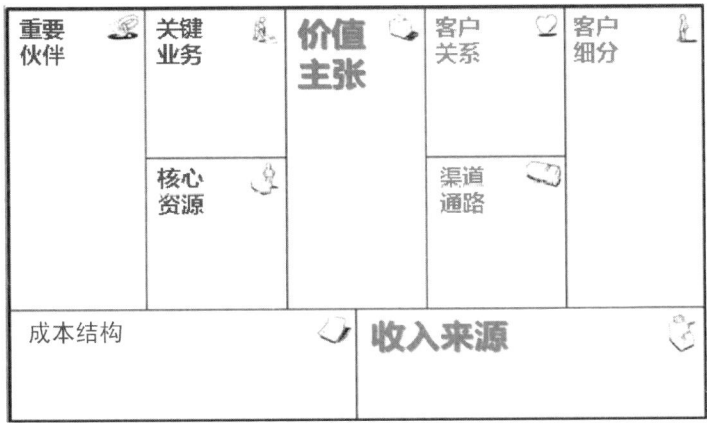

图 3-20 商业模式画布

商业模式价值评估标准(见图 3-21):

公司名称	主营项目	指标分值								模式点评
		独特价值	不可复制	可操作性	持续稳定	扩展延伸	整体协调	具盈利性	具创新性	总分	
		20	15	15	15	10	5	5	15	100	

图 3-21 商业模式评估

根据以上的评分标准为受训者进行评分,满分 100 分,根据各项指标最终对受训者的商业画布展示进行评价。评委可以根据这些指标以及分数的分布情况对受训者做出公平的点评。

项目四

电子沙盘运营

任务一　了解电子沙盘与手工沙盘的区别

任务描述

根据提供表格中的数据,了解电子沙盘与手工沙盘的主要区别(见表4-1)。

表4-1　　　　　　　　　　　电子沙盘与手工沙盘的区别

	电子沙盘	手工沙盘
生产线	超级手工、自动线、柔性线、租赁线	手工线、半自动线、全自动线、柔性线
厂房	大厂房、中厂房、小厂房	大厂房、小厂房
ISO14000研发时间	2年	3年
产品组成	P2(R2.R3)、P3(R1.R3.R4)、P4(R1.R3.P1)	P2(R1.R2)、P3(2R2.R3)、P4(R2.R3.2R4)
广告投放	投入10M有一次选单机会,每多投20M增加一次选单机会	投入1M有一次选单机会,每多投2M增加一次选单机会
市场预测	以数据展示	以图表展示

Tips:

1. 手工沙盘权益60M、电子沙盘权益600W,因此在一些规则上电子沙盘的资金投入不同于手工沙盘,一定要仔细看规则。

2. 在第4季度经营结束后,不要点击"当年结束",记录下财务信息数据后再进行处理,以便填写相关报表。

任务二　电子沙盘中企业运营的规则

任务描述

根据提供的信息来了解电子沙盘中企业运营的规则。

一、生产线

电子沙盘与手工沙盘不一样，可供企业选择的生产线包括超级手工、自动线、柔性线和租赁线4种（见表4-2）。

表4-2　　　　生产线投资、安装、生产、转产、维修、残值和折旧

名称	投资总额	每季投资额	安装周期	生产周期	总转产费用	转产周期	维修费	残值	折旧费	折旧时间	分值
超级手工	35W	35W	0 季	2 季	0W	0 季	5W/年	5W	10W	3 年	0
自动线	150W	50W	3 季	1 季	20W	1 季	20W/年	30W	30W	4 年	8
柔性线	200W	50W	4 季	1 季	0W	0 季	20W/年	40W	40W	4 年	10
租赁线	0W	0W	0 季	1 季	20W	1 季	65W/年	-65W	0W	0 年	0

（1）安装周期为0，表示即买即用。
（2）不论何时出售生产线，价格为残值，净值与残值之差计入损失。
（3）只有空闲的并且已经建成的生产线方可转产。
（4）当年建成的生产线、转产中生产线都要交维修费。
（5）生产线不允许在不同厂房移动。
（6）租赁线不需要投资费用，没有安装周期，不提折旧，维修费可以理解为租金；在其出售时（可理解为退组），系统将扣65W/条的清理费用，计入损失。
（7）折旧（平均年限法）：建成当年不提折旧。

二、融资

电子沙盘与手工沙盘的融资规则相同（见表4-3）。

表4-3　　　　　　　　　　融资

贷款类型	贷款时间	贷款额度	年息	还款方式	备注
长期贷款	每年年初	所有长短贷之和不超过上年权益3倍	10.0%	年初付息，到期还本	不小于10W
短贷贷款	每季度初		5.0%	到期一次还本付息	
资金贴现	任何时间	视应收款额	1季、2季：10.0% 3季、4季：12.5%	变现时贴息	贴现各账期分开核算，分开计息
库存拍卖		100.0%（产品）80.0%（原料）			

（1）短期贷款年限为1年，如果某一季度有短期贷款需要归还，且同时还拥有贷款额度时，必须先归还到期的短期贷款，才能申请新的短期贷款。

（2）所有的贷款不允许提前还款。

三、厂房

厂房是企业放置生产线的地方，如果厂房已满，则系统不允许购置生产线（见表4-4）。

表4-4　　　　　　　　　　厂房购买、租赁、出售和容量

名称	购买价格	租金	出售价格	容量	分值
大厂房	400W	40W/年	400W	4	10
中厂房	300W	30W/年	300W	3	8
小厂房	180W	18W/年	180W	2	7

（1）每季均可租或买，租满一年的厂房在满年的季度（如第二季租的，则在以后各年第二季为满年，可进行处理），需要用"厂房处理"进行"租转买""退租"（当厂房中没有任何生产线时）等处理，如果未进行处理，则原来租用的厂房在满年季末自动续租；厂房不计提折旧；生产线不允许在不同厂房间移动。

（2）厂房出售得到4个账期的应收款，紧急情况下可以厂房贴现，直接得到现金。

四、市场开拓

电子沙盘中，本地市场也是需要企业开发的，各市场的开发也可以同时进行，可中途停止开发或使用，也可继续开发或在以后年份使用。市场资格一经开发，永久使用（见表4-5）。

表4-5　　　　　　　　　　市场开发费用及时间

名称	开发费	开发时间	分值
本地	10W/年	1年	7
区域	10W/年	1年	7
国内	10W/年	2年	8
亚洲	10W/年	3年	9
国际	10W/年	4年	10

（1）开发费用按开发时间在年末支付，不允许加速投资，但可以中断投资。

（2）市场开发完成后，领取相应的市场准入证。

五、ISO资格认证

随着竞争的加剧，客户对产品的质量以及环保的要求越来越高，企业是否具备ISO9000质量认证及ISO14000环境认证都是影响选单的制约条件。各认证的开发可以同时进行，可中途停止开发或使用，也可继续开发或在以后年份使用。国际认证资格无须交维护费，一经开发，永久使用（见表4-6）。

表 4-6　　　　　　　　　　ISO 资格认证投入时间及费用

名称	开发费	开发时间	分值
ISO9000	10W/年	2 年	8
ISO14000	20W/年	2 年	10

（1）开发费用在年末支付，不允许加速投资，但可以中断投资。
（2）开发完成后，领取相应的资格证。

六、产品研发

要想生产某种产品，先要获得该产品的生产许可证，而要获得生产许可证，则必须经过产品研发。P1、P2、P3、P4 产品都需要研发后才能获得生产许可，研发需要分期投入研发费用（见表 4-7）。

表 4-7　　　　　　　　　　　　　　产品研发

名称	开发费	开发时间	加工费	直接成本	产品组成	分值
P1	10W/季	2 季	10W	20W	R1*1	7
P2	10W/季	3 季	10W	30W	R2*1 R3*1	8
P3	10W/季	4 季	10W	40W	R1*1 R3*1 R4*1	9
P4	10W/季	5 季	10W	50W	P1*1 R1*1 R3*1	10

开发费用在季末支付，可以中断或终止，但不允许超前或集中投入；已投资的研发费不能回收；如果开发没有完成，系统不允许开工生产。

七、原料设置

采购原材料需要经过下原料订单和采购入库两个步骤，这两个步骤之间的时间差称为订单提前期（见表 4-8）。

表 4-8　　　　　　　　　　原材料购买及采购周期

名称	购买单价	提前期
R1	10W	1 季
R2	10W	1 季
R3	10W	2 季
R4	10W	2 季

（1）没有下订单的原材料不能采购入库。
（2）所有下订单的原材料到期必须采购入库。
（3）原材料采购入库时必须支付现金。
（4）系统中每季只能操作一次。

八、选单规则

1. 广告费。投入广告费有两个作用：一是获得拿取订单的机会，二是判断选单顺序。

投入10W产品广告费，可以获得一次拿取订单的机会（如果不投产品广告，则没有选单机会），一次机会允许取得一张订单；如果要获得更多的拿单机会，每增加一个机会需要多投入20W产品广告，比如，投入30W产品广告表示有两次获得订单的机会，投入50W产品广告则表示有三次获得订单的机会，依此类推。当然，并不是有几次拿取订单的机会就表示能拿到几个订单，具体得视市场的拥挤程度及产品需求量而定。如果投小于10W则没有选单机会，但仍扣广告费，广告投放可以是非10的倍数，如11W、21W。

2. 无须对ISO单独投放广告，系统自动判定公司是否有ISO资格，确认其能否选有ISO要求的订单。

3. 没有市场老大，以本市场本产品广告额投放大小顺序依次选单。如果两组本市场本产品广告额相同，则看本市场广告投放总额；如果本市场广告投放总额也相同，则看上年本市场销售排名；如仍无法决定，先投广告者优先选单。

4. 选单时，两个市场同时开单，各企业需要同时关注两个市场的选单进展，其中一个市场先结束，则第三个市场立即开单，即任何时候会有两个市场同开，除非到最后只剩下一个市场选单未结束。如本年有本地、区域、国内、亚洲四个市场有选单，则系统将本地、区域同时放单，各市场按P1、P2、P3、P4顺序独立放单，若本地市场选单结束，则国内市场立即开单，此时区域、国内二市场保持同开，紧接着区域结束选单，则亚洲市场立即放单，即国内、亚洲二市场同开。选单时各企业需要点击相应"市场"按钮，一市场选单结束，系统不会自动跳到其他市场。

Tips：

（1）出现确认框要在倒计时大于5秒时按下确认按钮，否则可能造成选单无效。

（2）某细分市场（如本地、P1）有多次选单机会，只要放弃一次，则视同放弃该细分市场所有选单机会。

九、竞单规则

系统一次同时放3张订单同时竞单，并显示所有订单，第3年和第6年有竞单。破产企业不参加竞单。

参与竞单的订单标明了订单编号、市场、产品、数量、ISO要求等，而总价、交货期、账期三项为空。竞标订单的相关要求说明如下：

1. 竞拍会的单子，价格、交货期、账期都是根据各个企业的情况自己填写选择的，系统默认的总价是成本价，交货期为1期交货，账期为4账期，如要修改需要手工修改。

2. 参与竞标的企业需要有相应市场、ISO认证的资质，但不必有生产资格。

3. 中标的企业需为该单支付10W标书费，在竞标会结束后一次性扣除，计入广告费。若（已竞得单数+本次同时竞单数）×10＞现金余额，则不能再竞。即必须有一定现金库存作为保证金。如同时竞3张订单，库存现金为59W，已经竞得3张订单，扣除30W标书费，还剩余29W库存现金，则不能继续参与竞，因为万一再竞得3张，29W的库存现金不足支付标书费30W。

4. 为防止恶意竞单，对竞得单张数进行限制，若｛某企业已竞得单张数＞ROUND（3＊该年竞单总张数/参赛企业数）｝，则不能继续竞单。

提请注意：

（1）ROUND 表示四舍五入。

（2）如上式为等于，可以继续参与竞单。

（3）参赛企业数为经营中的队伍，若破产继续经营也算在其内，破产退出经营则不算在其内。如某年竞单，共有40张，20家企业（含破产继续经营）参与竞单，当一家企业已经得到7张单，因为 7 > ROUND（3×40/20），所以不能继续竞单；但如果已经竞得6张，可以继续参与。

5. 参与投标的企业须根据所投标的订单，在系统规定时间（90秒，以倒计时秒出现）填写总价、交货期、账期三项内容，确认后由系统按照：

得分 = 100 +（5 - 交货期）×2 + 应收账款 - 8×总价/（该产品直接成本×数量）

以得分最高者中标。如果计算分数相同，则先提交者中标。

提请注意：

（1）总价不能低于（可以等于）成本价，也不能高于（可以等于）成本价的3倍。

（2）必须为竞单留足时间，如在倒计时小于等于5秒再提交，可能无效。

（3）竞得订单与选中订单一样，算市场销售额。

（4）竞单时不允许紧急采购，不允许市场间谍。

十、其他说明

（1）紧急采购，付款即到货，原材料价格为直接成本的2倍；成品价格为直接成本的3倍。上报报表时，成本仍然按照标准成本记录，紧急采购多付出的成本计入费用表损失项。

（2）破产标准：现金断流或权益为负。

（3）第一年无订单。

（4）交单可提前，不可推后，违约系统自动收回订单。

（5）违约金扣除——四舍五入；库存拍卖所得现金——向下取整；贴现费用——向上取整；扣税——四舍五入；长短贷利息——四舍五入。

（6）只计算所得税。交税的标准为弥补完以前年度的亏损总和后，再按盈余利润的25%提取税金。

（7）库存折价拍价、生产线变卖、紧急采购、订单违约记入损失。

（8）罚分。运行超时扣分。运行超时有两种情况：一是指不能在规定时间完成广告投放，二是指不能在规定时间完成当年经营（以点击系统中"当年结束"按钮并确认为准）。处罚：根据延误时间按10分/分钟（不足1分钟按1分钟算）计算罚分，最多不能超过10分钟，超过10分钟还未完成操作的，直接退出经营。

报表错误扣分。必须按指导教师规定的时间上报报表，且必须账实相符。如果上交的报表与系统自动生成的报表对照有误，在总得分中扣罚10分/处，并以系统提供的报表为准修改。必须对上交报表的时间做出规定，延误交报表根据延误时间按10分/分钟（不足1分钟按1分钟算）计算罚分，最多不能超过10分钟，超过10分钟还未完成操作的，直接退出经营。

（9）排行榜记分标准。

总成绩 = 所有者权益×（1 + 企业综合发展潜力/100）- 罚分

企业综合发展潜力＝市场资格分值＋ISO资格分值＋生产资格分值＋厂房分值＋各条生产线分值，其中生产线建成（包括转产）即加分，无须生产出产品，也无须有在制品。

（10）破产处理。当有企业权益为负或现金断流时（权益和现金可以为零），企业破产。破产后，由指导教师视情况适当增资后继续经营。破产组不参加有效排名。为了确保破产组不致过多影响比赛的正常进行，限制破产组每年投放的广告总额不能超过60W，单个市场单个产品投放的广告不能超过30W。

十一、重要参数（见表4-9）

表4-9　　　　　　　　　　　　　　重要参数

违约金比例	20.0%	贷款额倍数	3倍
产品折价率	100.0%	原料折价率	80.0%
长贷利率	10.0%	短贷利率	5.0%
1，2期贴现率	10.0%	3，4期贴现率	12.5%
初始现金	600W	管理费	10W
信息费	1W	所得税率	25.0%
最大长贷年限	5年	最小得单广告额	10W
原料紧急采购倍数	2倍	产品紧急采购倍数	3倍
选单时间	45秒	首位选单补时	15秒
市场同开数量	2	市场老大	无
竞单时间	90秒	竞单同竞数	3

（1）每市场每产品选单时第一家企业选单时间为60秒，自第二家企业起，选单时间设为45秒。

（2）初始现金为600W。

（3）信息费是在非间谍时间获取其他企业生产经营情况所支付的费用。

（4）间谍无法看到对手的选单情况。

> **Tips**：建生产线及研发产品的时机配合
>
> 如何在激烈的市场竞争中掌握先机，在企业资源有限的前提下做出资源的最优配置，是企业管理层面临的一个重大难题。
>
> 通常，我们都会问自己：做什么产品？在哪个市场销售？选择什么样的生产线？资金是否够用？当这些问题有了答案之后，我们就要考虑如何选择最优的经营方案来实现资源的最优配置。

生产线的特点是建成当年交维修费、第二年开始计提折旧，所以为了节约成本，在生产计划可以配合的前提下，选择在第1年的4季度完成最后一次投资，则第1年生产线仍属于在建工程，不交维修费，待第2年1季度转为固定资产即可投入使用，第2年才需要交维修费、第3年才开始计提折旧。

当然，这个属于理想状态，但现实经营中没有那么完美，需要根据企业的发展战略、市场定位、产品策略来决定。举个简单的例子，根据电子沙盘的规则，P1产品研发需要2个季度，且 P1 产品是 P4 产品的原材料，若企业考虑要做 P4 产品，则 P1 产品必须研发。若企业选择在第 1 年 1 季度开始研发 P1 产品，则到第 1 年 3 季度时已经可以生产，符合条件的生产线只有超级手工和租赁线（均为即买即用），且企业应选择在第 1 年 3 季度才开始购买或租赁厂房并建线。若企业在第 1 年 1 季度开始就购买或租赁厂房并建线，要空置 2 个季度才能使用，这就形成了资源的浪费。P2、P3 产品均为独立产品，研发时间分别需要 3 个季度、4 个季度。若企业在分析市场需求后决定研发 P2 产品，若在第 1 年 1 季度研发，则到第 1 年 4 季度即可生产，但考虑到当年只能生产 1 季，结合企业的现金流情况、生产线的维修、折旧等情况，在第 2 年开始生产比较划算，则可以在第 1 年 2 季度开始研发，到第 1 年 4 季度投完最后一次开发费，待第 2 年 1 季度即可生产。在生产线的选择上，P2 产品属于中端产品，可以选择自动线或柔性线，具体的选择要看企业的决策，若生产线只用于生产 P2 产品则自动线成本更低，若生产线还考虑转产则柔性线更优。建线的时间与 P2 产品的研发时间相配合，在第 2 年 1 季度转为固定资产即投入使用。

任务三　电子沙盘预算表

任务描述

电子沙盘具有流程不可逆的特点，因此在进行操作前做好预算演示尤为重要。电子预算表能模拟企业经营结果，可帮助学员发现经营过程中存在的问题，及时修正。

企业经营应学会使用各种工具来达到经营目的，电子沙盘若学会使用电子预算表，则事半功倍。

电子预算表已将经营常用的一些数据建立各种逻辑关系，只要将基础数据录入，就可以得到各种有用的信息，帮助提高企业的经营效率，其中，阴影部分需手工录入，空白部分数据将自动计算。

1. 开始电子沙盘经营前，打开电子预算表，点"规则设置"页，先将规则分别录到表 4-10 至表 4-16 中

表 4-10　重要参数

	违约金比例	20%	贷款额倍数	3
折价率	产品折价率	100%	原料折价率	80%
利率	长贷利率	10%	短贷利率	5%
贴现率	1，2 期	10%	3，4 期	12.50%
	初始现金	600	管理费	1（10）
	信息费	1	所得税率	25%
	长贷年限	5	最小广告额	10
紧急采购（倍数）	原料倍数	2	成品倍数	3
	市场同开数量	2	市场老大	

表 4-11　　　　　　　　　　　　　　　　厂房

厂房	买价	租金/年	售价
大厂房	400	40	400
中厂房	300	30	300
小厂房	180	18	180

表 4-12　　　　　　　　　　　　　　　　取整规则

取整规则	违约金	四舍五入
	出售库存	向下取整
	贴现费用	向上取整
	扣税	四舍五入
	利息额	四舍五入

表 4-13　　　　　　　　　　　　　　　　生产线

名称	购买价格	安装周期	生产周期	总转产费用	转产周期	维护费用	残值	折旧费	折旧年限
手工线	35	0	2	0	0	5	5	10	3
自动线	150	3	1	20	1	20	30	30	4
柔性线	200	4	1	0	0	20	40	40	4
租赁线	0	0	1	20	1	65	-65	0	0

表 4-14　　　　　　　　　　　　　　　　市场开发

市场	开发费/年	时间	总计
本地	10	1 年	10
区域	10	1 年	10
国内	10	2 年	20
亚洲	10	3 年	30
国际	10	4 年	40

表 4-15　　　　　　　　　　　　　　　　ISO 认证

认证	ISO9000	ISO14000
时间	2 年	2 年
费用/年	10	20
总计	20	40

表 4-16　　　　　　　　　　　产品结构及研发费用、周期

产品构成	R1	R2	R3	R4	R5	P1	P2	加工费用	直接成本	研发费/季	研发周期	总费用
P1	1							10	20	10	2	20
P2		1	1					10	30	10	3	30
P3	1		1	1				10	40	10	4	40
P4				1	1			10	50	10	5	50

需要注意的是，表 4-16 在"采购表"页需重复输入一次。

2. 点开"第一年"页，进行第一年预算编制

编制第一年的预算前，企业应先研究市场预测，确定企业的长期目标及短期目标，对准

备开发的市场、研发的产品、预计建设的生产线、预计购买或租赁厂房做一个简单的预算后，决定企业是否需要贷款以及贷款的种类（见表 4-17）。

表 4-17　　　　　　　　　　　　　　第一年

初始权益		600	第一季	第二季	第三季	第四季
年度规划（年初现金）			600			
贴现	1Q					
	2Q					
	3Q					
	4Q					
贴息			0			
信息费						
广告费						
应交税金						
长贷利息						
偿还长期贷款						
申请长贷						
季初现金			600	600	600	600
还短期贷款						
支付利息						
申请短期贷款						
原材料入库						
购买厂房						
新建/在建生产线						
生产线转产						
生产线变卖						
紧急采购						
下一批生产						
更新应收款				0	0	0
按订单交货（0 账期）			0	0	0	0
产品研发						
厂房处理（包括租用）						
出售库存						
新市场开拓						
ISO 资格认证						0
违约罚款						
设备维护费用						
支付行政管理费						
季末现金			600	600	600	600
						正常

将数字填入表格后,季末现金余额会自动改变,若是在当季度现金流出现问题,"季末现金"颜色将变为红色,同时最后一行将提示"请注意"。出现这种情况的时候,需要重新审视下该季度的现金收支情况,或开源或节流进行调整,直到最后一行提示"正常"。

如涉及企业融资需要使用长期贷款,数据填写至"贷款表"。根据企业上年年末的权益,"贷款表"的年初可贷数可看到当年的可贷款额度提示。填入贷款数额后,各年的运营流程表长期贷款处会自动计算(见表4-18)。

表 4-18   贷款表

长期贷款及剩余可贷款数						
	第一年	第二年	第三年	第四年	第五年	第六年
5年						
4年						
3年						
2年						
1年						
当年贷款数	0	0	0	0	0	0
年初可贷数	1800	1800	1800	1800	1800	1800
第一季度						
第二季度						
第三季度						
第四季度						

企业发生的经营过程,在表4-19至表4-21中依次录入。

表 4-19   当年广告投放情况

当年广告投放情况					
	本地	区域	国内	亚洲	国际
P1					
P2					
P3					
P4					
P5					

表 4-20   本年销售情况

本年销售情况				
	个数	成本	销售额	毛利
P1		0		
P2		0		
P3		0		
P4		0		
P5		0		

表 4-21　　　　　　　　　　　　　　　应收账款及贴现

		按订单交货（应收账款）			
		第一季	第二季	第三季	第四季
应收	0 期				
	1 期				
	2 期				
	3 期				
	4 期				
贴现	1 期				
	2 期				
	3 期				
	4 期				
贴息		0	0	0	0

当经营结束后，分别录入表 4-22 "综合费用表"、表 4-23 "利润表"、表 4-24 "资产负债表"，报表设置了一些相关性数据，若报表不平，可看到提示。

表 4-22

综合费用表	
项目	金额
管理费	0
广告费	0
维护费	
损失	
转产费	0
厂房租金	
市场开拓	0
ISO 认证	0
产品研发	0
信息费	0
合计	0

表 4-23

利润表	
项目	金额
销售收入	0
直接成本	0
毛利	0
综合费用	0
折旧前	0
折旧	
利前利润	0
财务费用	0
税前利润	0
所得税	0
净利润	0

表 4-24　　　　　　　　　　　　　　　资产负债表

项目	上年数	本年数	项目	上年数	本年数
现金	600	600	长期负债		
应收款		0	短期负债		0
在制品			应交税金		0
产成品			—		

续表

项目	上年数	本年数	项目	上年数	本年数
原材料			—		
流动合计	600	600	负债合计		0
厂房			股东资本	600	600
生产线			利润留存		0
在建工程			年度净利		0
固定合计		0	权益合计	600	600
资产总计	600	600	负债权益	600	600
报表已平					

在电子预算表中，有一张"采购表"，"采购表"的作用是帮助学员对原材料进行库存管理（见表4-25）。

表4-25 采购表

		P1	P2	P3	P4	P5	R1	R2	R3	R4	R5	P1	P2
第一年	第一季								0	0	0	0	0
	第二季						0	0	0	0	0	0	0
	第三季						0	0	0	0	0	0	0
	第四季						0	0	0	0	0	0	0
第二年	第一季						0	0	0	0	0	0	0
	第二季						0	0	0	0	0	0	0
…	…												

在录入该表的时候，只需将计划在某季度生产的产品数量填入，即可得到需在哪个季度采购哪几种原材料。如计划在第2年1季度生产4个P3，则如表4-26录入。

表4-26

		P1	P2	P3	P4	P5
第一年	第一季					
	第二季					
	第三季					
	第四季					
第二年	第一季			4		

录入后，将发现右侧的白色区域发生变化，见表4-27。

表4-27

		R1	R2	R3	R4	R5	P1	P2
第一年	第一季			0	0	0	0	0
	第二季	0	0	0	0	0	0	0
	第三季	0	0	4	4	0	0	0
	第四季	4	0	0	0	0	0	0
第二年	第一季	0	0	0	0	0	0	0

可以很清楚地看到，若计划第 2 年 1 季度生产 4 个 P3，则需要在第 1 年 3 季度采购 4 个 R3、4 个 R4，在第 1 年 4 季度采购 4 个 R1。当然，也要提醒大家，因 R3、R4 原材料需提前两个季度采购，因此在录入"采购表"时，生产计划也要至少往后做到两个季度，这样才不会发生未及时购入原材料的情况。正确使用"采购表"，能够帮助企业实现原材料的零库存。

任务四　认识电子沙盘操作系统

任务描述

电子沙盘是一种企业经营模拟软件，继承了 ERP 手工沙盘形象直观的特点，同时实现了选单、经营过程、报表生成、赛后分析的功能，给学员一种直观的体验。想要实现熟练操作电子沙盘就必须首先熟悉电子沙盘的操作界面。

电子沙盘操作系统简介：企业模拟经营电子沙盘的实训不同于 ERP 手工沙盘实训，从第一年开始经营，经营路线由自己来定，符合现实中创业白手起家的状态，并且操作直观，节奏更快。具体界面操作如下：

系统初始化

一、打开 IE，键入 http://服务器 IP：8081，输入账号及密码，进入用户注册界面（见图 4-1）

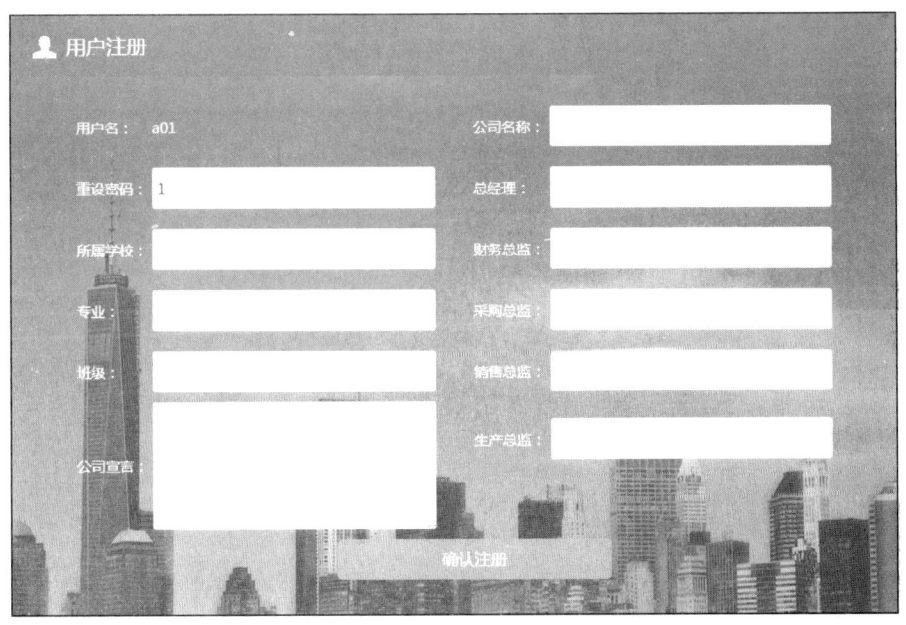

图 4-1

输入企业基本信息，并修改登录密码（系统要求必须修改初始登录密码），其余项目根据各公司实际情况输入。

二、进入系统操作界面（见图 4-2）

图 4-2

三、申请长/短贷

输入完成企业基本信息之后便进入系统操作界面，即开始运营企业，界面分别设置了操作区、空地/厂房、紧急操作区、系统信息栏等（长贷只能在年初进行，点击"申请长贷"并输入贷款年限以及贷款金额）（见图 4-3）。

图 4-3

结束"申请长贷"（若不申请，可不进行操作）操作即可点击当季开始选项（见图 4-4）。

图 4 - 4

短贷只能季初进行申请。

四、更新原料（见图 4 - 5）

图 4 - 5

原材料入库、更新原材料订单：点击"更新原材料库"按钮，确定后系统自动扣除购买原材料所需资金。操作完此步骤以后，才可以进行以后步骤的操作，而前面的步骤将不能再次在本季度内进行操作（见图 4 - 6）。

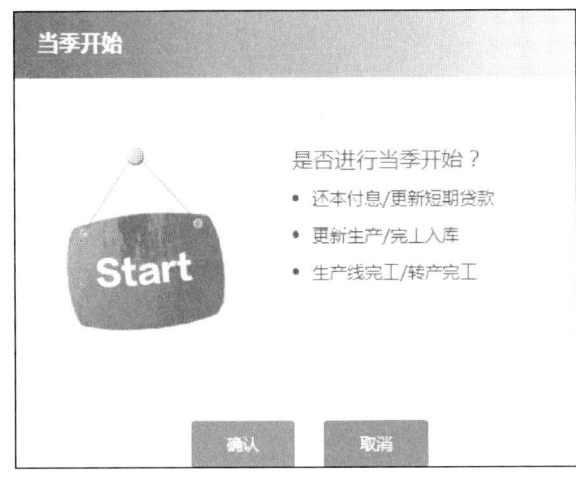

图 4 - 6

短贷申请完毕及原材料更新之后便可开始第一季度的操作，操作开始前系统会自动进行还本付息/更新短期贷款、更新生产/完工入库、生产线完工、转产完工等计算操作（见图4-7）。

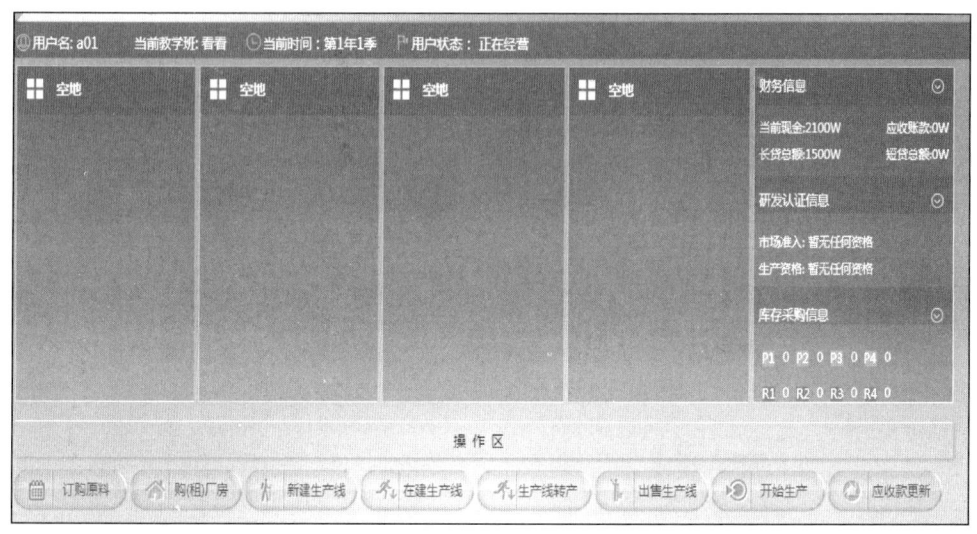

图4-7

在季度开始之后，可以进行订购原料、购（租）厂房、新建生产线、开始生产等操作。

五、订购原料（见图4-8）

图4-8

原料订购界面分别提供R1、R2、R3、R4的订购方案。分别给出了价格及运货期，这里运货期就是原料订购所需要的提前期。

六、购租产房（见图 4-9）

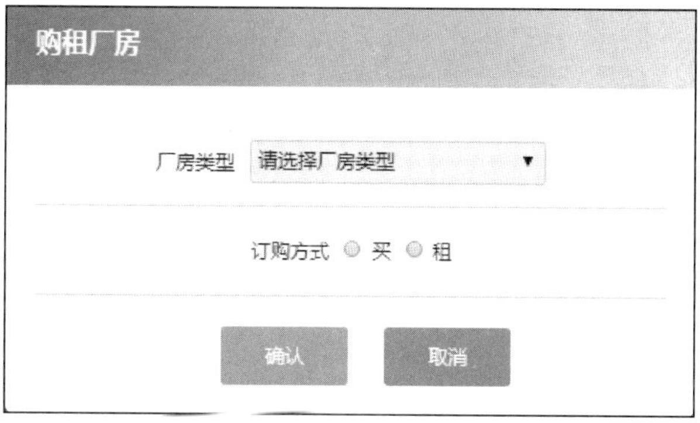

图 4-9

购买/租用——厂房：（1）租用或购买厂房可以在任务季度进行。如果决定租用厂房或者厂房买转租，租金在开始租用的季度交付。（2）厂房租入后，一年后作租转买、退租等处理，续租系统自动处理。（3）要建生产线，必须购买或租用厂房，没有租用或购买厂房不能新建生产线。（4）如果厂房中没有生产线，可以选择退租，系统将删除该厂房。

七、新建生产线（见图 4-10）

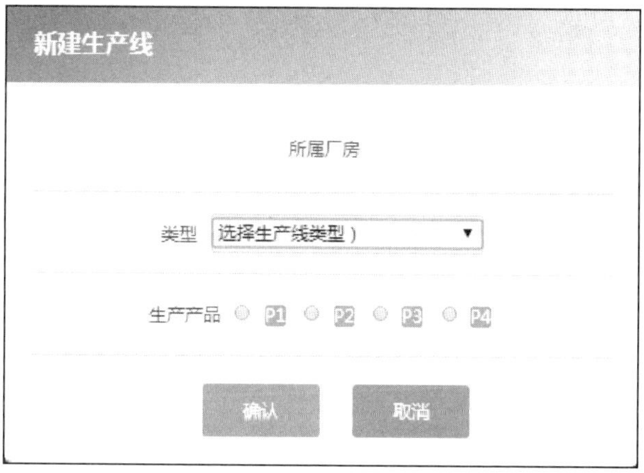

图 4-10 新建生产线界面

提醒：新建多条生产线时，无需退出该界面，可重复操作（见图 4-11）。

新建/在建/转产/变卖/生产线：在"系统"中新建生产线，需先选择厂房，然后再选择生产线的类型，特别要确定生产产品的类型；生产产品一经确定，本生产线所生产的产品便不能更换，如需更换，须在建成后，进行转产处理；每次操作可建一条生产线，同一季度可重复操作很多次，直至生产线位置全部铺满；新建生产线一经确认，即刻进入第一期在建，当季便自动扣除建设资金。

八、在建生产线（见图 4-12）

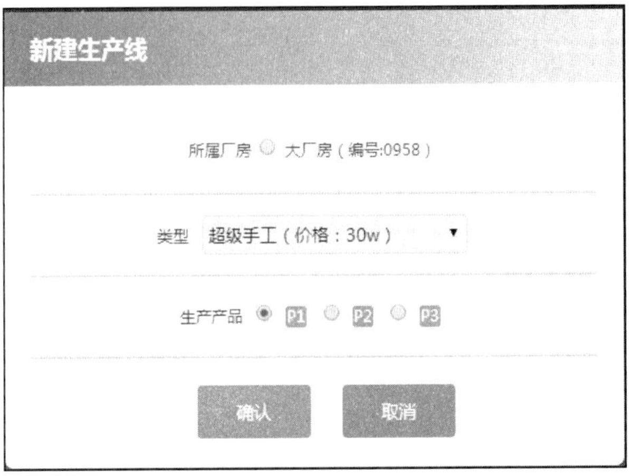

图 4-11

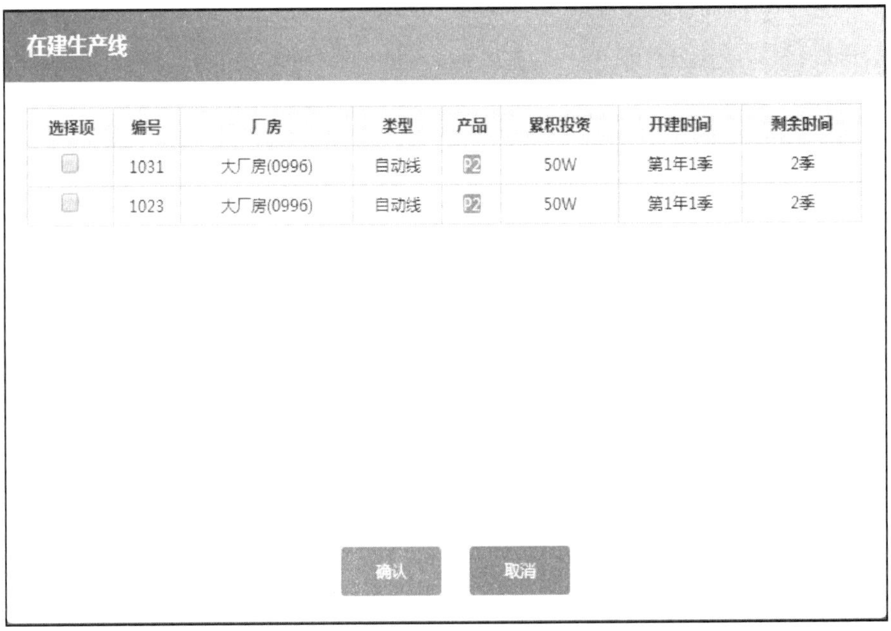

图 4-12

只有处在建造期的生产线才会在此对话框中显示，该对话框中会提供处于建造期间的生产线的累计投资额、开建时间和剩余建造期。

九、生产线转产

点击主页面下方操作区中菜单"生产线转产"，弹出"生产线转产对话框"。弹出框中显示可以进行生产转产的生产线信息，勾选转产的生产线以及转线要生产的产品，点击确认即可（见图 4-13）。

图 4-13

生产线建造时已经确定了生产的产品种类,但是在企业运营过程中,为完成不同产品数量的订单按时交货,可能会对生产线生产的产品进行适当的转产操作,转产时要求该生产线处于待生产状态,否则不可进行转产操作。

转产时,不同生产线的转产费用和转产周期是有区别的,具体详见规则说明。当转产周期大于1Q时,下一季度点击生产线转产,弹出框中显示需要继续转产的生产线,勾选即继续投资转产,不选即中断转产。

十、出售生产线

点击主页面下方操作区中菜单"出售生产线",弹出"出售生产线"对话框。弹出框中显示可以进行出售的生产线信息。勾选要出售的生产线,点击确认即可(见图4-14)。

生产线出售的前提是该生产线是空置的,即没有在生产产品。出售时按残值收取现金,按净值(生产线的原值减去累计折旧后的余额)与残值之间的差额作企业损失。即已提足折旧的生产线不会产生出售损失,未提足折旧的生产线必然产生出售损失。

十一、开始生产

点击主页面下方操作区中菜单"开始生产",弹出"开始下一批生产"对话框。弹出框中显示可以进行生产的生产线信息。勾选要投产的生产线,点击确认即可(见图4-15)。

图 4-14

图 4-15

开始下一批生产时保证相应的生产线空闲、产品完成研发、生产原料充足、投产用的现金足够,上述四个条件缺一不可。开始下一批生产操作时,系统会自动从原材料仓库领用相应的原材料,并从现金处扣除用于生产的人工费用。

十二、应收款更新

点击主页面下方操作区中菜单"应收款更新",弹出"应收款更新"对话框,点击确认即可(见图 4-16)。

应收款更新操作实质上是将企业所有的应收款项减少 1 个收账期,它分为两种情况,一是针对本季度尚未到期的应收款,系统会自动将其收账期减少 1 个季度;另一部分是针对本季度到期的应收款,系统会自动计算并在"收现金额"框内显示,将其确认收到,系统自动增加企业的现金。

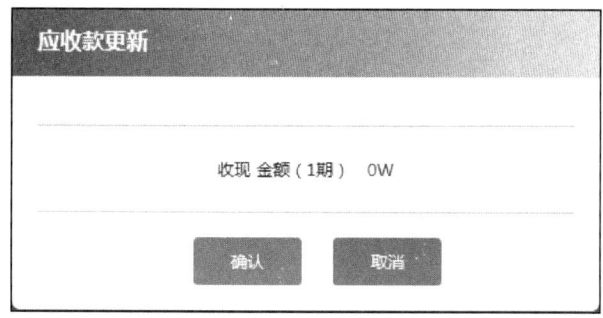

图 4-16

十三、按订单交货

订单交货对话框中会显示年初订货会上取得的所有产品订单，该订单会提供订单销售收入总价、某订单需交的产品种类和数量、交货期限、账期等信息。点击相应订单右边的"确认交货"按钮后，若当相应产品库存足够的情况下提示交货成功，若库存不足的情况下弹出库存不足的提示框。订单交货后会收取相应的现金或产生相应的应收款。

十四、厂房处理

点击主页面下方操作区中菜单"厂房处理"，弹出"厂房处理"对话框。选择厂房的处理方式，系统会自动显示出符合处理条件的厂房以供选择。勾选厂房，点击确认（见图 4-17）。

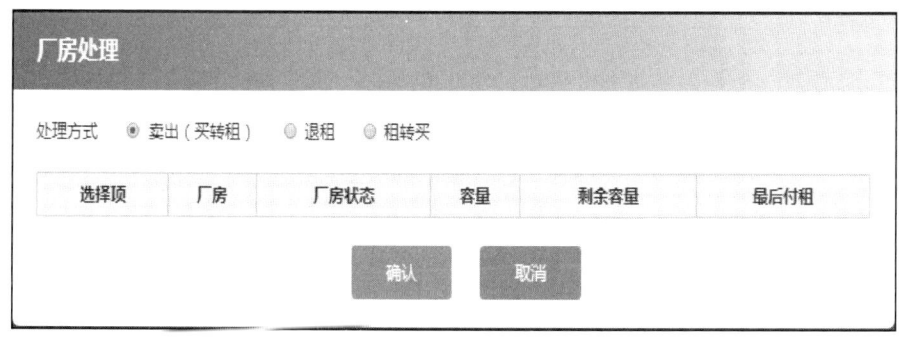

图 4-17

厂房处理方式包括卖出（买转租）、退租、租转买三种。买转租操作针对原购入的厂房，实质上此操作包括两个环节，一是卖出厂房，同时将此厂房租回，卖出厂房将根据规则产生一定金额、一定账期的应收款，租入厂房需支付对应的租金，这一操作无需厂房空置。退租操作针对原租入的厂房，该操作要求厂房内无生产设备，若从上年支付租金时开始算租期未满 1 年的，则无需支付下退租当年的租金，反之则需支付退租当年的租金。租转买操作针对原租入的厂房，该操作实质上包括两个环节，一是退租，同时将该厂房买入。退租当年租金是否需要支付参照"退租操作"说明，购买厂房时需支付相应的购买价款，该操作无需厂房空置。

十五、产品研发

点击主页面下方操作区中菜单"产品研发",弹出"产品研发"对话框。勾选需要研发的产品,点击确认(见图4-18)。

图4-18

产品研发按照季度来投资,每个季度均可操作,中间可以中断投资,直至产品研发完成,产品研发成功后方能生产相应的产品。产品研发的规则详见规则说明。

十六、ISO投资

该操作只有每年第4季度才出现。点击主页面下方操作区中菜单"ISO投资",弹出"ISO投资"对话框。勾选需要投资的ISO资质,点击确认即可(见图4-19)。

图4-19

ISO投资包括产品质量(ISO9000)认证投资和产品环保(ISO14000)认证投资。企业若想在订货会上选取带有ISO认证的订单,必须取得相应的ISO认证资格,否则不能选取该订单。ISO投资每年进行一次,可中断投资,直至ISO投资完成。

十七、市场开拓

该操作只有每年第4季度才出现。点击主页面下方操作区中菜单"市场开拓",弹出"市场开拓"对话框。勾选需要研发的市场,点击确认即可(见图4-20)。

图 4 - 20

企业经营沙盘中市场包括：本地市场、区域市场、国内市场、亚洲市场和国际市场。市场开拓是企业进入相应市场投放广告、选取产品订单的前提。市场开拓相关规则详见规则说明。市场开拓每年第四季度末可操作一次，中间可中断投资。

十八、当季（年）结束

该操作在每年 1~3 季度末显示"当季结束"，每年第 4 季度末显示"当年结束"。点击主页面下方操作区中菜单"当季结束"或"当年结束"，弹出"当季结束"或"当年结束"。核对当季（年）结束需要支付或更新的事项。确认无误后，点击确定即可（见图 4 - 21、图 4 - 22）。

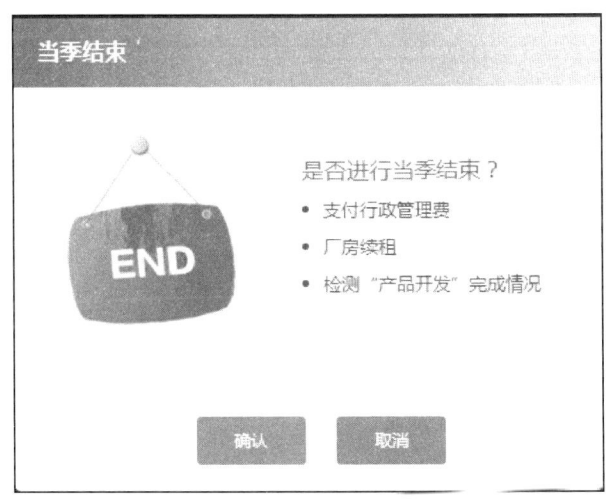

图 4 - 21

当季结束时，系统会自动支付行政管理费、厂房续租租金，检查产品开发完成情况。

当年结束时，系统会自动支付行政管理费、厂房续租租金，检测产品开发、ISO 投资、市场开拓情况，自动支付设备维修费、计提当年折旧、扣除产品违约订单的罚款。

十九、经营规则（见图 4－23）

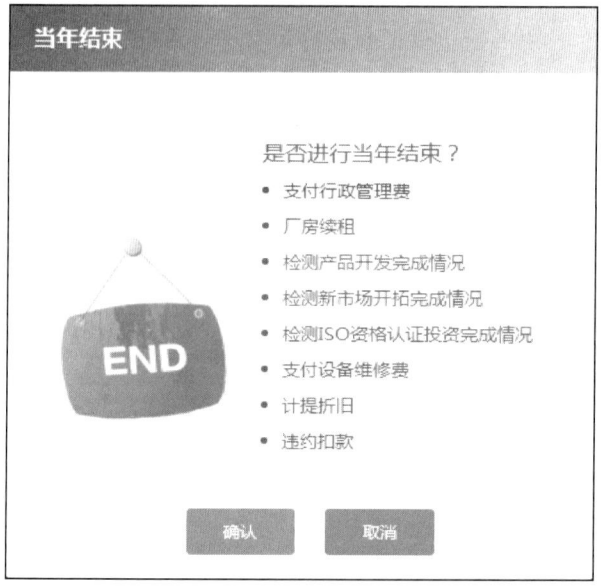

图 4－22

经营规则说明

一、生产线

名称	投资总额	每季投资额	安装周期	生产周期	总转产费用	转产周期	维修费	残值	折旧费	折旧时间	分值
超级手工	35W	35W	0季	2季	0W	0季	5W/年	5W	10W	3年	0
自动线	150W	50W	3季	1季	20W	1季	20W/年	30W	30W	4年	8
柔性线	200W	50W	4季	1季	0W	0季	20W/年	40W	40W	4年	10
租赁线	0W	0W	0季	1季	20W	1季	65W/年	-65W	0W	0年	0

*安装周期为0,表示即买即用

*计算投资总额时,若安装周期为0,则按1算

*不论何时出售生产线,价格为残值,净值与残值之差计入损失

*只有空闲的生产线方可转产

*当年建成生产线需要交维修费

图 4－23

企业经营规则说明涵盖了电子沙盘中所有的操作规则以及说明，在操作界面的右上方可以选择点击进入（见图 4－24）。

市场预测：企业在安排企业生产计划时，需要了解市场需求情况。企业可以通过查看市场预测来了解各个市场不同商品的需求情况，从中可以大体了解不同商品的需求量、价格预测和走势（见图 4－25）。

在点击更新应收款之后便进入期末操作区，在这里可以进行按订单交货、厂房处理、产品研发等操作。

市场预测

市场预测表——均价

序号	年份	产品	本地	区域	国内	亚洲	国际
1	第2年	P1	50.84	50.44	0	0	0
2	第2年	P2	70.94	70.53	0	0	0
3	第2年	P3	87.48	87.67	0	0	0
4	第2年	P4	129.67	129.05	0	0	0
5	第3年	P1	49.67	49.53	47.53	0	0
6	第3年	P2	70.11	70.46	68.70	0	0
7	第3年	P3	82.58	82.80	0	0	0
8	第3年	P4	131.83	130.50	132.23	0	0
9	第4年	P1	48.45	49.35	47.40	0	0
10	第4年	P2	70.94	71.09	71.07	71.96	0
11	第4年	P3	89.50	90.67	0	89.84	0
12	第4年	P4	135.38	134.28	135.04	0	0
13	第5年	P1	50.43	50.50	50.18	0	

图 4-24

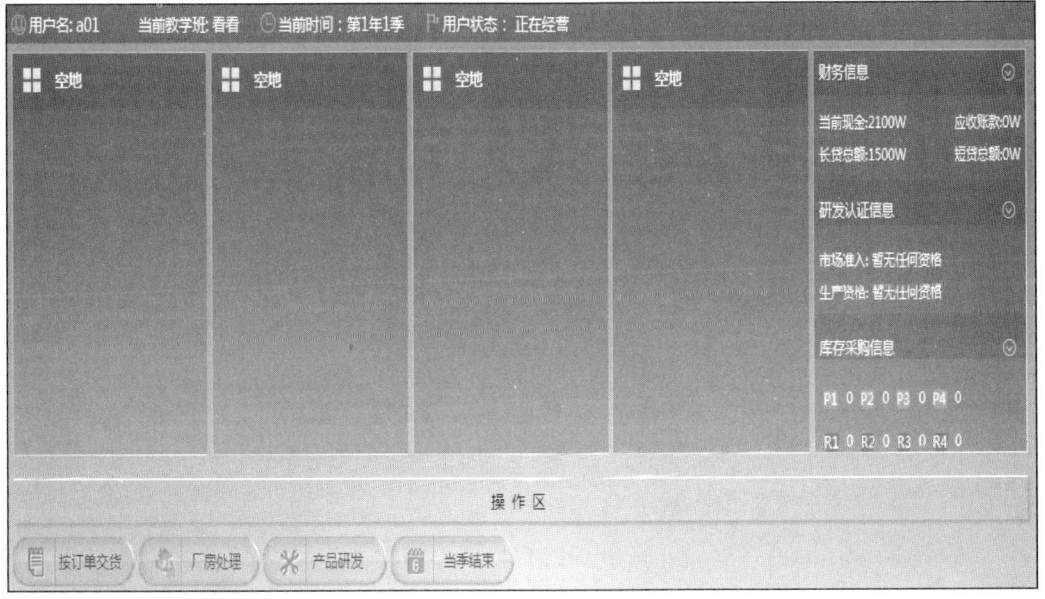

图 4-25

知识链接

如何充分利用间谍时间

间谍时间对每一个学员来说，是一个充满神秘、刺激而又感到无助的时段，很多人充满激情的离开自己的企业却又一脸茫然的看着对手企业，不知道自己到底该做什么。其实，间谍并不难，关键在于怎么把有用的信息整理、分析，提供给自己的企业来参考。

间谍需要了解的：

1. 产品研发：看对手企业的产品研发是比较直观的，判断其是否为竞争对手的标志，若两家企业研发的产品一致，肯定要在市场上交锋，若两家企业研发的产品不一致，则下一年应不存在竞争关系。

2. 生产线：包括生产线的构成、生产的产品种类及各产品的产能情况。掌握了这些，就知道对手企业下一年的产品供给情况，继而根据整个市场的需求来决定企业的广告投放。

3. 原材料：包括库存原材料及在途原材料。生产线上的产品标识并不代表对手企业下一年的生产计划，超级手工及柔性线具有随时转产的特点，因此，一旦对手企业有上述两种生产线，一定要研究其库存原材料及在途原材料的构成，通过原材料数量推算其生产计划。当然，也不排除使用自动线但要转产的，所以，清算原材料非常重要，可以使对手企业隐藏的生产计划一目了然。

项目五

ERP 沙盘实训课程总结

任务一　企业创新创业项目路演 PPT 展示

任务描述

根据以下要求及提示为自己的企业制作一份创业项目 PPT，并在之后进行路演展示，请仔细阅读任务内容以及要求，再根据自己企业的自身情况进行分析，注意问题的先后顺序。

项目名称 + 一句话描述

（例如：苹果手机——最人性化的手机）

第一部分

分析行业背景和市场现状——Why/Why Now？

主要内容：

1. 项目相关的行业背景、市场发展趋势、市场空间。行业市场分析要具体且有针对性，与所要做的事要紧密相关，避免空泛论述。

2. 描述在目前市场背景下，发现了一个什么样的通点（市场需求点/机会点）。在分析时，如已有相关的产品或服务，请对已有的产品或服务做简要对比分析，表明当前项目的差异化机会。

建议：

多用数据或案例说明。

第二部分

讲清楚要做什么——What？

主要内容：

请用一两句话讲清楚准备做什么事，最好能配上简单的产业链上下游图（或产品功能示意图、简要流程框图等），让人对要做的事一目了然，不要整页 PPT 都是大段文字。

第三部分

如何做以及现状——How?

主要内容：

1. 讲清楚有什么样的解决方案，或者什么样的产品，能够解决发现的痛点（市场需求点/机会点）（方案或是产品是什么，提供了怎样的功能?）

2. 明确产品将面对的用户群是谁（要有清晰的目标用户群定位）

3. 说明产品或解决方案的竞争力（为什么这件事情你能做，而别人不能做？或者为什么你能比别人干得好？你的特别的核心竞争力是什么，项目与众不同的地方是什么？如何转化成价值和知识产权）

4. 说明未来如何实现盈利，即商业模式

5. 横向竞品对比分析

第四部分

财务预测与融资计划

主要内容：

1. 未来 1 年左右项目收支状况的财务预估

2. 未来 6 个月或 1 年的融资计划

结束语

任务二　团队运营总结

任务描述

企业经营 ERP 沙盘实训课的最后一步是对学员在模拟经营过程中的经验与教训进行书面总结，记录学员在 ERP 沙盘模拟经营过程中的心得体会，以进一步加深对 ERP 及企业经营管理的理解，强化模拟经营效果。同时，通过总结报告让学员发现经营过程中存在的问题，针对存在的问题进行主客观分析，并提出相应的解决方案，从而培养与强化学员发现问题、分析问题及解决问题的能力。

ERP 沙盘实训总结主要针对模拟经营过程中涉及的相关知识、角色任务、运营状况、经验教训、存在的问题等方面进行总结，主要涉及以下方面。

一、对课程的理解

以学员自己的感受对本实训课程进行简单的描述。

二、学习内容及感悟

记录每天学习的内容及相应的收获及感悟。

三、实训总结

对本实训课程的理解、描述所在企业采取的战略、企业经营过程、遇到了什么困难、学到了什么、收获了什么、有什么感想、有什么建议等。诸如：

1. 如何分析、选择和制定企业的总体战略，建立以什么市场和产品为主导的经营战略，确定什么样的企业经营范围。

2. 竞争对手的情报收集是否有效，市场环境分析与预测是否准确，市场开拓是否合理，市场细分与目标市场定位是否得当，产品价格分析与广告投入是否得当，是否出现过市场开拓计划修改或中断的情况及如何解决的。

3. 产品研发策略是否与企业战略相一致，是否与市场预测相吻合，是否与实际市场需求相结合，产品研发是否与企业的生产相同步，有无因产品研发提前或滞后于生产环节而导致资金过度占用或延误生产，是否出现过研发计划修改或中断的情况及如何解决的。

4. 生产线的更新顺序和组合方式是否与市场需求相匹配，如何更新与变更生产线，实现与企业战略、产品研发的同步，厂房的租买策略是否合理，生产线的布局是否得当，产能计划安排是否合理，是否与销售相吻合，是否实现了或接近零库存。

5. 生产线与厂房的取得方式、取得时间是否得当，如何做好固定资产投资与财务资金之间的平衡，避免出现资金链断裂，是否出现过因资金链断裂而发生的固定资产投资中断或暂停的情况，该风险如何防范。

6. 采购计划是否得当，是否与生产计划吻合，是否出现过因原来短缺而造成生产中断或大量积压而造成资金大量占用的情况，是否因采购计划不合理造成大量资金占用而出现资金链断裂的情况。

7. 对现金流的预算是否准确，资金是否出现战略上的大缺口，对投资的收益分析是否准确，对资金的来源、取得方式、取得时间、取得的数量及代价如何是否有全面的预计与掌控，是否存在滥用资金的现象，生产过程的成本控制是否得当，如何进行财务分析。

8. 对竞争对手的情报收集后是否进行整理、分析及筛选，对企业经营策略是否有帮助。

9. 企业角色分工的依据是什么，分工是否合理，合作过程中出现的问题如何解决。

10. 在对上述基本问题进行分析的基础上，总结各种经验成果，并提出相关建议与改进措施。

附录

企业经营记录表单

班级：_____

姓名：_____

学号：_____

小组：_____

市场预测

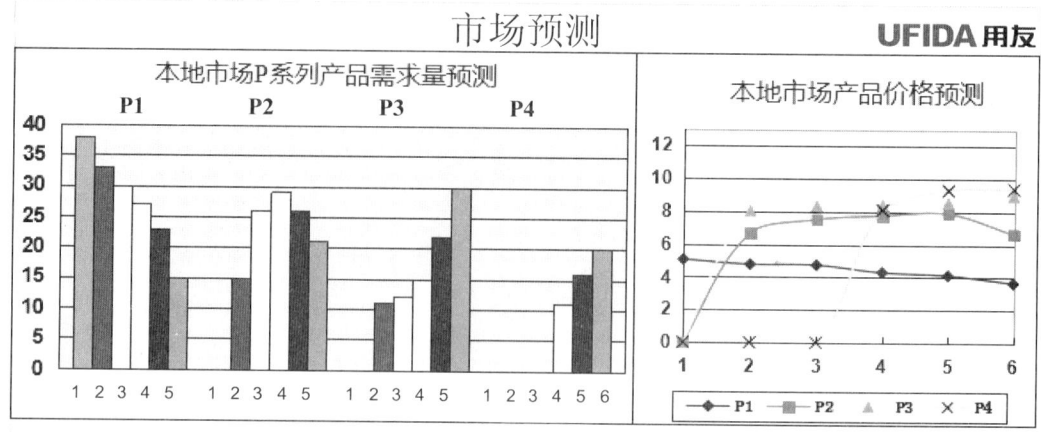

本地市场将会持续发展,对低端产品的需求可能要下滑,伴随着需求的减少,低端产品的价格很有可能走低。后几年,随着高端产品的成熟,市场对P3、P4产品的需求将会逐渐增大。由于客户对质量意识的不断提高,后两年可能对产品的ISO9000和ISO14000认证有更多的需求。

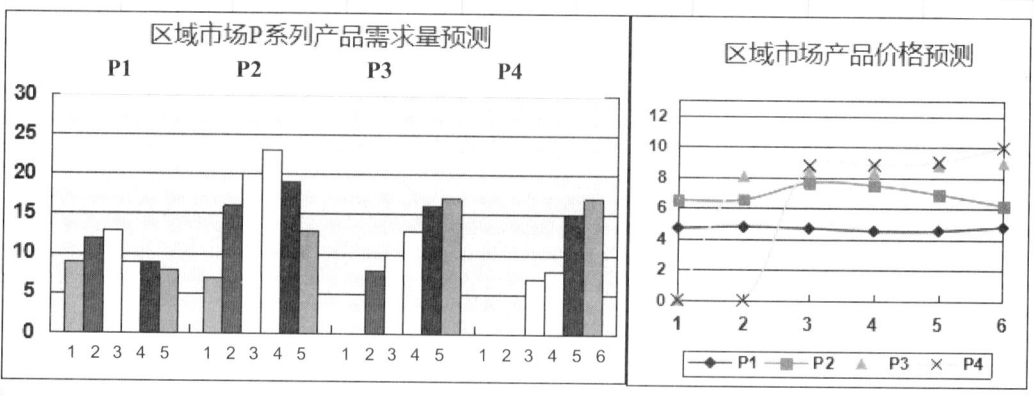

区域市场的客户相对稳定,对P系列产品需求的变化很有可能比较平稳。因紧邻本地市场,所以产品需求量的走势可能与本地市场相似,价格趋势也应大致一样。该市场容量有限,对高端产品的需求也可能相对较小,但客户会对产品的ISO9000和ISO14000认证有较高的要求。

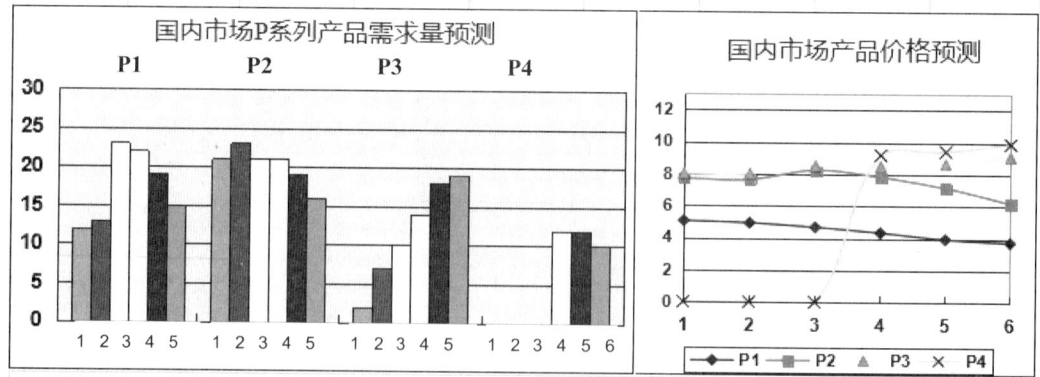

因P1产品带有较浓的地域色彩,估计国内市场对P1产品不会有持久的需求。但P2产品因更适合于国内市场,估计需求一直比较平稳。随着对P系列产品的逐渐认同,估计对P3产品的需求会发展较快。但对P4产品的的需求就不一定像P3产品那样旺盛了。当然,对高价值的产品来说,客户一定会更注重产品的质量认证。

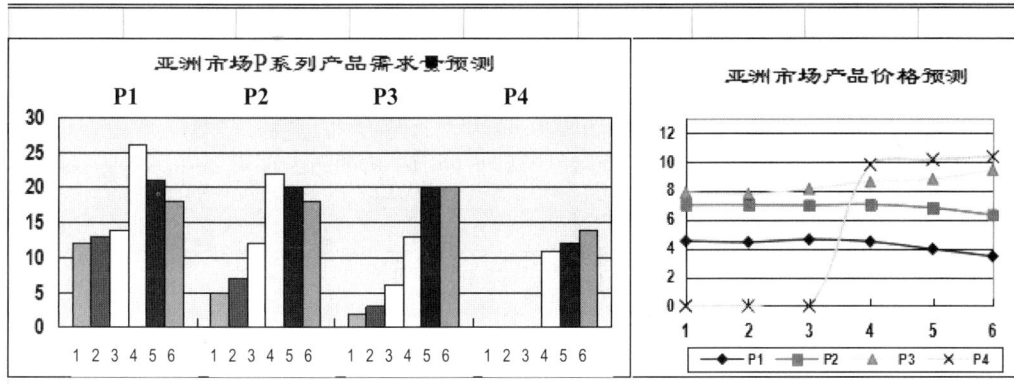

　　这个市场一向波动较大，所以对P1产品的需求可能起伏较大，估计对P2产品的需求走势与P1相似。但该市场对新产品很敏感，因此估计对P3、P4产品的需求量会发展较快，价格也可能不菲。另外，这个市场的消费者很看中产品的质量，所以没有ISO9000和ISO14000认证的产品可能很难销售。

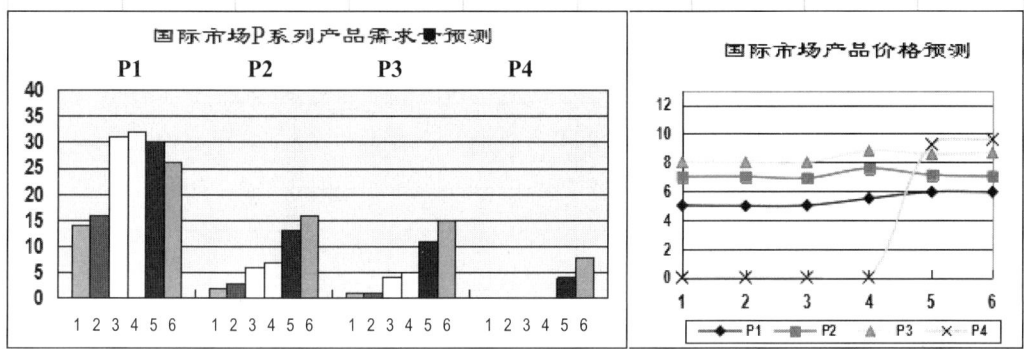

　　P系列产品进入国际市场可能需要一个较长的时期。有迹象表明，对P1产品已经有所认同，但还需要一段时间才能被市场接受。同样，对P2、P3和P4产品也会很谨慎的接受。需求发展较慢。当然，国际市场的客户也会关注具有ISO认证的产品。

教学年第　　年经营流程

时间	编号	初始权益		第一季	第二季	第三季	第四季
年初	1	年度规划（年初现金）					
	2	广告费					
	3	选单/登记订单					
	4	支付应交税金					
	5	支付长贷利息					
	6	更新/偿还长期贷款					
	7	申请长贷					
季度	1	季初现金盘点					
	2	更新短贷/短贷还本付息					
	3	申请短期贷款					
	4	原材料入库/更新原材料					
	5	下原材料订单					
	6	更新生产/完工入库					
	7	购买厂房（租用）					
	8	新建/在建生产线					
	9	生产线转产					
	10	生产线变卖					
	11	紧急采购					
	12	下一批生产					
	13	更新应收款					
	14	按订单交货（0账期）					
	15	产品研发					
	16	厂房处理（租转买）					
	17	应收款贴现（随时进行）					
	18	出售库存（随时进行）					
	19	出售厂房（随时进行）					
	20	缴纳违约罚款					
	21	支付行政管理费					
	22	本季收入合计					
	23	本季支出合计					
	24	季末现金					
年末	1	新市场开拓					
	2	ISO资格认证					
	3	支付设备维护费用					
	4	计提折旧					
	5	结账					

订单登记表

订单号										合计
市场										
产品										
数量										
账期										
销售额										
成本										
毛利										
罚款										

产品核算统计表

	P1	P2	P3	P4	合计
数量					
销售额					
成本					
毛利					

按订单交货（应收账款）

		第一季	第二季	第三季	第四季
应收	0期				
	1期				
	2期				
	3期				
	4期				
贴现	1期				
	2期				
	3期				
	4期				
贴息					

综合费用表

项目	金额	备注
管理费		
广告费		
维护费		
转产费		
厂房租金		
市场开拓		本地（ ）区域（ ）国内（ ）亚洲（ ）国际（ ）

续表

项目	金额	备注
ISO 认证		ISO9000（　） ISO14000（　）
产品研发		P1（　） P2（　） P3（　） P4（　）
信息费		
其他		
合计		

利润表

项目	上年数	本年数
销售收入		
直接成本		
毛利		
综合费用		
折旧前利润		
折旧		
支付利息前利润		
财务费用		
税前利润		
所得税		
净利润		

资产负债表

项目	期初数	期末数	项目	期初数	期末数
现金			长期负债		
应收款			短期负债		
在制品			应交税金		
产成品			——		
原材料			——		
流动合计			负债合计		
土地和建筑			股东资本		
机器与设备			利润留存		
在建工程			年度净利		
固定合计			权益合计		
资产总计			负债权益		

教学年第　　年经营流程

时间	编号	上年权益		第一季	第二季	第三季	第四季
年初	1	年度规划（年初现金）					
	2	广告费					
	3	选单/登记订单					
	4	支付应交税金					
	5	支付长贷利息					
	6	更新/偿还长期贷款					
	7	申请长贷					
季度	1	季初现金盘点					
	2	更新短贷/短贷还本付息					
	3	申请短期贷款					
	4	原材料入库/更新原材料					
	5	下原材料订单					
	6	更新生产/完工入库					
	7	购买厂房（租用）					
	8	新建/在建生产线					
	9	生产线转产					
	10	生产线变卖					
	11	紧急采购					
	12	下一批生产					
	13	更新应收款					
	14	按订单交货（0账期）					
	15	产品研发					
	16	厂房处理（租转买）					
	17	应收款贴现（随时进行）					
	18	出售库存（随时进行）					
	19	出售厂房（随时进行）					
	20	缴纳违约罚款					
	21	支付行政管理费					
	22	本季收入合计					
	23	本季支出合计					
	24	季末现金					
年末	1	新市场开拓					
	2	ISO资格认证					
	3	支付设备维护费用					
	4	计提折旧					
	5	结账					

订单登记表

订单号									合计
市场									
产品									
数量									
账期									
销售额									
成本									
毛利									
罚款									

产品核算统计表

	P1	P2	P3	P4	合计
数量					
销售额					
成本					
毛利					

按订单交货（应收账款）

		第一季	第二季	第三季	第四季
应收	0 期				
	1 期				
	2 期				
	3 期				
	4 期				
贴现	1 期				
	2 期				
	3 期				
	4 期				
贴息					

综合费用表

项目	金额	备注
管理费		
广告费		
维护费		
转产费		
厂房租金		
市场开拓		本地（ ）区域（ ）国内（ ）亚洲（ ）国际（ ）

续表

项目	金额	备注
ISO 认证		ISO9000（　）ISO14000（　）
产品研发		P1（　）P2（　）P3（　）P4（　）
信息费		
其他		
合计		

利润表

项目	上年数	本年数
销售收入		
直接成本		
毛利		
综合费用		
折旧前利润		
折旧		
支付利息前利润		
财务费用		
税前利润		
所得税		
净利润		

资产负债表

项目	期初数	期末数	项目	期初数	期末数
现金			长期负债		
应收款			短期负债		
在制品			应交税金		
产成品			——		
原材料			——		
流动合计			负债合计		
土地和建筑			股东资本		
机器与设备			利润留存		
在建工程			年度净利		
固定合计			权益合计		
资产总计			负债权益		

公司贷款申请表

贷款类		1年				2年				3年				4年				5年				6年			
		1	2	3	4	1	2	3	4	1	2	3	4	1	2	3	4	1	2	3	4	1	2	3	4
短贷	借																								
	还																								
短贷余额																									
监督员签字																									
长贷	借																								
	还																								
长贷余额																									
上年权益																									
监督员签字																									

应收账款登记表

公司	款类	一年				二年				三年			
		1	2	3	4	1	2	3	4	1	2	3	4
	应收期 1												
	应收期 2												
	应收期 3												
	应收期 4												
	到款												
	贴现												
	贴现费												

公司	款类	四年				五年				六年			
		1	2	3	4	1	2	3	4	1	2	3	4
	应收期 1												
	应收期 2												
	应收期 3												
	应收期 4												
	到款												
	贴现												
	贴现费												

市场开发投入登记表

公司代码：

年度	区域市场（1y）	国内市场（2y）	亚洲市场（3y）	国际市场（4y）	完成	监督员签字
第1年						
第2年						
第3年						
第4年						
第5年						
第6年						
总计						

产品开发登记表

年度	P2	P3	P4	总计	完成	监督员签字
第 1 年						
第 2 年						
第 3 年						
第 4 年						
第 5 年						
第 6 年						
总计						

ISO 认证投资

年度	第 1 年	第 2 年	第 3 年	第 4 年	第 5 年	第 6 年
ISO9000						
ISO14000						
总计						
监督员签字						

公司采购登记表

1 年	1 季				2 季				3 季				4 季			
原材料	R1	R2	R3	R4	R1	R2	R3	R4	R1	R2	R3	R4	R1	R2	R3	R4
订购数量																
采购入库																

2 年	1 季				2 季				3 季				4 季			
原材料	R1	R2	R3	R4	R1	R2	R3	R4	R1	R2	R3	R4	R1	R2	R3	R4
订购数量																
采购入库																

3 年	1 季				2 季				3 季				4 季			
原材料	R1	R2	R3	R4	R1	R2	R3	R4	R1	R2	R3	R4	R1	R2	R3	R4
订购数量																
采购入库																

4 年	1 季				2 季				3 季				4 季			
原材料	R1	R2	R3	R4	R1	R2	R3	R4	R1	R2	R3	R4	R1	R2	R3	R4
订购数量																
采购入库																

5 年	1 季				2 季				3 季				4 季			
原材料	R1	R2	R3	R4	R1	R2	R3	R4	R1	R2	R3	R4	R1	R2	R3	R4
订购数量																
采购入库																

6 年	1 季				2 季				3 季				4 季			
原材料	R1	R2	R3	R4	R1	R2	R3	R4	R1	R2	R3	R4	R1	R2	R3	R4
订购数量																
采购入库																

第　　年经营流程

时间	编号	上年权益		第一季	第二季	第三季	第四季
年初	1	年度规划（年初现金）					
	2	广告费					
	3	选单/登记订单					
	4	支付应交税金					
	5	支付长贷利息					
	6	更新/偿还长期贷款					
	7	申请长贷					
季度	1	季初现金盘点					
	2	更新短贷/短贷还本付息					
	3	申请短期贷款					
	4	原材料入库/更新原材料					
	5	下原材料订单					
	6	更新生产/完工入库					
	7	购买厂房（租用）					
	8	新建/在建生产线					
	9	生产线转产					
	10	生产线变卖					
	11	紧急采购					
	12	下一批生产					
	13	更新应收款					
	14	按订单交货（0账期）					
	15	产品研发					
	16	厂房处理（租转买）					
	17	应收款贴现（随时进行）					
	18	出售库存（随时进行）					
	19	出售厂房（随时进行）					
	20	缴纳违约罚款					
	21	支付行政管理费					
	22	本季收入合计					
	23	本季支出合计					
	24	季末现金					
年末	1	新市场开拓					
	2	ISO资格认证					
	3	支付设备维护费用					
	4	计提折旧					
	5	结账					

订单登记表

订单号								合计
市场								
产品								
数量								
账期								
销售额								
成本								
毛利								
罚款								

产品核算统计表

	P1	P2	P3	P4	合计
数量					
销售额					
成本					
毛利					

按订单交货（应收账款）

		第一季	第二季	第三季	第四季
应收	0 期				
	1 期				
	2 期				
	3 期				
	4 期				
贴现	1 期				
	2 期				
	3 期				
	4 期				
	贴息				

综合费用表

项目	金额	备注
管理费		
广告费		
维护费		
转产费		
厂房租金		
市场开拓		本地（ ）区域（ ）国内（ ）亚洲（ ）国际（ ）

续表

项目	金额	备注
ISO 认证		ISO9000（ ） ISO14000（ ）
产品研发		P1（ ） P2（ ） P3（ ） P4（ ）
信息费		
其他		
合计		

利润表

项目	上年数	本年数
销售收入		
直接成本		
毛利		
综合费用		
折旧前利润		
折旧		
支付利息前利润		
财务费用		
税前利润		
所得税		
净利润		

资产负债表

项目	期初数	期末数	项目	期初数	期末数
现金			长期负债		
应收款			短期负债		
在制品			应交税金		
产成品			——		
原材料			——		
流动合计			负债合计		
土地和建筑			股东资本		
机器与设备			利润留存		
在建工程			年度净利		
固定合计			权益合计		
资产总计			负债权益		

第　　　年经营流程

时间	编号	上年权益		第一季	第二季	第三季	第四季
年初	1	年度规划（年初现金）					
	2	广告费					
	3	选单/登记订单					
	4	支付应交税金					
	5	支付长贷利息					
	6	更新/偿还长期贷款					
	7	申请长贷					
季度	1	季初现金盘点					
	2	更新短贷/短贷还本付息					
	3	申请短期贷款					
	4	原材料入库/更新原材料					
	5	下原材料订单					
	6	更新生产/完工入库					
	7	购买厂房（租用）					
	8	新建/在建生产线					
	9	生产线转产					
	10	生产线变卖					
	11	紧急采购					
	12	下一批生产					
	13	更新应收款					
	14	按订单交货（0账期）					
	15	产品研发					
	16	厂房处理（租转买）					
	17	应收款贴现（随时进行）					
	18	出售库存（随时进行）					
	19	出售厂房（随时进行）					
	20	缴纳违约罚款					
	21	支付行政管理费					
	22	本季收入合计					
	23	本季支出合计					
	24	季末现金					
年末	1	新市场开拓					
	2	ISO资格认证					
	3	支付设备维护费用					
	4	计提折旧					
	5	结账					

订单登记表

订单号										合计
市场										
产品										
数量										
账期										
销售额										
成本										
毛利										
罚款										

产品核算统计表

	P1	P2	P3	P4	合计
数量					
销售额					
成本					
毛利					

按订单交货（应收账款）

		第一季	第二季	第三季	第四季
应收	0 期				
	1 期				
	2 期				
	3 期				
	4 期				
贴现	1 期				
	2 期				
	3 期				
	4 期				
贴息					

综合费用表

项目	金额	备注
管理费		
广告费		
维护费		
转产费		
厂房租金		
市场开拓		本地（ ）区域（ ）国内（ ）亚洲（ ）国际（ ）

续表

项目	金额	备注
ISO 认证		ISO9000（ ） ISO14000（ ）
产品研发		P1（ ） P2（ ） P3（ ） P4（ ）
信息费		
其他		
合计		

利润表

项目	上年数	本年数
销售收入		
直接成本		
毛利		
综合费用		
折旧前利润		
折旧		
支付利息前利润		
财务费用		
税前利润		
所得税		
净利润		

资产负债表

项目	期初数	期末数	项目	期初数	期末数
现金			长期负债		
应收款			短期负债		
在制品			应交税金		
产成品			——		
原材料			——		
流动合计			负债合计		
土地和建筑			股东资本		
机器与设备			利润留存		
在建工程			年度净利		
固定合计			权益合计		
资产总计			负债权益		

第　　　年经营流程

时间	编号	上年权益		第一季	第二季	第三季	第四季
年初	1	年度规划（年初现金）					
	2	广告费					
	3	选单/登记订单					
	4	支付应交税金					
	5	支付长贷利息					
	6	更新/偿还长期贷款					
	7	申请长贷					
季度	1	季初现金盘点					
	2	更新短贷/短贷还本付息					
	3	申请短期贷款					
	4	原材料入库/更新原材料					
	5	下原材料订单					
	6	更新生产/完工入库					
	7	购买厂房（租用）					
	8	新建/在建生产线					
	9	生产线转产					
	10	生产线变卖					
	11	紧急采购					
	12	下一批生产					
	13	更新应收款					
	14	按订单交货（0 账期）					
	15	产品研发					
	16	厂房处理（租转买）					
	17	应收款贴现（随时进行）					
	18	出售库存（随时进行）					
	19	出售厂房（随时进行）					
	20	缴纳违约罚款					
	21	支付行政管理费					
	22	本季收入合计					
	23	本季支出合计					
	24	季末现金					
年末	1	新市场开拓					
	2	ISO 资格认证					
	3	支付设备维护费用					
	4	计提折旧					
	5	结账					

订单登记表

订单号										合计
市场										
产品										
数量										
账期										
销售额										
成本										
毛利										
罚款										

产品核算统计表

	P1	P2	P3	P4	合计
数量					
销售额					
成本					
毛利					

按订单交货（应收账款）

		第一季	第二季	第三季	第四季
应收	0 期				
	1 期				
	2 期				
	3 期				
	4 期				
贴现	1 期				
	2 期				
	3 期				
	4 期				
贴息					

综合费用表

项目	金额	备注
管理费		
广告费		
维护费		
转产费		
厂房租金		
市场开拓		本地（ ）区域（ ）国内（ ）亚洲（ ）国际（ ）

续表

项目	金额	备注
ISO 认证		ISO9000（ ） ISO14000（ ）
产品研发		P1（ ） P2（ ） P3（ ） P4（ ）
信息费		
其他		
合计		

利润表

项目	上年数	本年数
销售收入		
直接成本		
毛利		
综合费用		
折旧前利润		
折旧		
支付利息前利润		
财务费用		
税前利润		
所得税		
净利润		

资产负债表

项目	期初数	期末数	项目	期初数	期末数
现金			长期负债		
应收款			短期负债		
在制品			应交税金		
产成品			—		
原材料			—		
流动合计			负债合计		
土地和建筑			股东资本		
机器与设备			利润留存		
在建工程			年度净利		
固定合计			权益合计		
资产总计			负债权益		

第　　年经营流程

时间	编号	上年权益		第一季	第二季	第三季	第四季
年初	1	年度规划（年初现金）					
	2	广告费					
	3	选单/登记订单					
	4	支付应交税金					
	5	支付长贷利息					
	6	更新/偿还长期贷款					
	7	申请长贷					
季度	1	季初现金盘点					
	2	更新短贷/短贷还本付息					
	3	申请短期贷款					
	4	原材料入库/更新原材料					
	5	下原材料订单					
	6	更新生产/完工入库					
	7	购买厂房（租用）					
	8	新建/在建生产线					
	9	生产线转产					
	10	生产线变卖					
	11	紧急采购					
	12	下一批生产					
	13	更新应收款					
	14	按订单交货（0账期）					
	15	产品研发					
	16	厂房处理（租转买）					
	17	应收款贴现（随时进行）					
	18	出售库存（随时进行）					
	19	出售厂房（随时进行）					
	20	缴纳违约罚款					
	21	支付行政管理费					
	22	本季收入合计					
	23	本季支出合计					
	24	季末现金					
年末	1	新市场开拓					
	2	ISO资格认证					
	3	支付设备维护费用					
	4	计提折旧					
	5	结账					

订单登记表

订单号											合计
市场											
产品											
数量											
账期											
销售额											
成本											
毛利											
罚款											

产品核算统计表

	P1	P2	P3	P4	合计
数量					
销售额					
成本					
毛利					

按订单交货（应收账款）

		第一季	第二季	第三季	第四季
应收	0期				
	1期				
	2期				
	3期				
	4期				
贴现	1期				
	2期				
	3期				
	4期				
	贴息				

综合费用表

项目	金额	备注
管理费		
广告费		
维护费		
转产费		
厂房租金		
市场开拓		本地（ ）区域（ ）国内（ ）亚洲（ ）国际（ ）

续表

项目	金额	备注
ISO 认证		ISO9000（ ） ISO14000（ ）
产品研发		P1（ ） P2（ ） P3（ ） P4（ ）
信息费		
其他		
合计		

利润表

项目	上年数	本年数
销售收入		
直接成本		
毛利		
综合费用		
折旧前利润		
折旧		
支付利息前利润		
财务费用		
税前利润		
所得税		
净利润		

资产负债表

项目	期初数	期末数	项目	期初数	期末数
现金			长期负债		
应收款			短期负债		
在制品			应交税金		
产成品			—		
原材料			—		
流动合计			负债合计		
土地和建筑			股东资本		
机器与设备			利润留存		
在建工程			年度净利		
固定合计			权益合计		
资产总计			负债权益		

第　　年经营流程

时间	编号	上年权益		第一季	第二季	第三季	第四季
年初	1	年度规划（年初现金）					
	2	广告费					
	3	选单/登记订单					
	4	支付应交税金					
	5	支付长贷利息					
	6	更新/偿还长期贷款					
	7	申请长贷					
季度	1	季初现金盘点					
	2	更新短贷/短贷还本付息					
	3	申请短期贷款					
	4	原材料入库/更新原材料					
	5	下原材料订单					
	6	更新生产/完工入库					
	7	购买厂房（租用）					
	8	新建/在建生产线					
	9	生产线转产					
	10	生产线变卖					
	11	紧急采购					
	12	下一批生产					
	13	更新应收款					
	14	按订单交货（0账期）					
	15	产品研发					
	16	厂房处理（租转买）					
	17	应收款贴现（随时进行）					
	18	出售库存（随时进行）					
	19	出售厂房（随时进行）					
	20	缴纳违约罚款					
	21	支付行政管理费					
	22	本季收入合计					
	23	本季支出合计					
	24	季末现金					
年末	1	新市场开拓					
	2	ISO资格认证					
	3	支付设备维护费用					
	4	计提折旧					
	5	结账					

订单登记表

订单号											合计
市场											
产品											
数量											
账期											
销售额											
成本											
毛利											
罚款											

产品核算统计表

	P1	P2	P3	P4	合计
数量					
销售额					
成本					
毛利					

按订单交货（应收账款）

		第一季	第二季	第三季	第四季
应收	0 期				
	1 期				
	2 期				
	3 期				
	4 期				
贴现	1 期				
	2 期				
	3 期				
	4 期				
	贴息				

综合费用表

项目	金额	备注
管理费		
广告费		
维护费		
转产费		
厂房租金		
市场开拓		本地（　）区域（　）国内（　）亚洲（　）国际（　）

续表

项目	金额	备注
ISO 认证		ISO9000（　）ISO14000（　）
产品研发		P1（　）P2（　）P3（　）P4（　）
信息费		
其他		
合计		

利润表

项目	上年数	本年数
销售收入		
直接成本		
毛利		
综合费用		
折旧前利润		
折旧		
支付利息前利润		
财务费用		
税前利润		
所得税		
净利润		

资产负债表

项目	期初数	期末数	项目	期初数	期末数
现金			长期负债		
应收款			短期负债		
在制品			应交税金		
产成品			——		
原材料			——		
流动合计			负债合计		
土地和建筑			股东资本		
机器与设备			利润留存		
在建工程			年度净利		
固定合计			权益合计		
资产总计			负债权益		

第　　年经营流程

时间	编号	上年权益		第一季	第二季	第三季	第四季
年初	1	年度规划（年初现金）					
	2	广告费					
	3	选单/登记订单					
	4	支付应交税金					
	5	支付长贷利息					
	6	更新/偿还长期贷款					
	7	申请长贷					
季度	1	季初现金盘点					
	2	更新短贷/短贷还本付息					
	3	申请短期贷款					
	4	原材料入库/更新原材料					
	5	下原材料订单					
	6	更新生产/完工入库					
	7	购买厂房（租用）					
	8	新建/在建生产线					
	9	生产线转产					
	10	生产线变卖					
	11	紧急采购					
	12	下一批生产					
	13	更新应收款					
	14	按订单交货（0账期）					
	15	产品研发					
	16	厂房处理（租转买）					
	17	应收款贴现（随时进行）					
	18	出售库存（随时进行）					
	19	出售厂房（随时进行）					
	20	缴纳违约罚款					
	21	支付行政管理费					
	22	本季收入合计					
	23	本季支出合计					
	24	季末现金					
年末	1	新市场开拓					
	2	ISO资格认证					
	3	支付设备维护费用					
	4	计提折旧					
	5	结账					

订单登记表

订单号										合计
市场										
产品										
数量										
账期										
销售额										
成本										
毛利										
罚款										

产品核算统计表

	P1	P2	P3	P4	合计
数量					
销售额					
成本					
毛利					

按订单交货（应收账款）

		第一季	第二季	第三季	第四季
应收	0期				
	1期				
	2期				
	3期				
	4期				
贴现	1期				
	2期				
	3期				
	4期				
贴息					

综合费用表

项目	金额	备注
管理费		
广告费		
维护费		
转产费		
厂房租金		
市场开拓		本地（ ）区域（ ）国内（ ）亚洲（ ）国际（ ）

续表

项目	金额	备注
ISO认证		ISO9000（　） ISO14000（　）
产品研发		P1（　） P2（　） P3（　） P4（　）
信息费		
其他		
合计		

利润表

项目	上年数	本年数
销售收入		
直接成本		
毛利		
综合费用		
折旧前利润		
折旧		
支付利息前利润		
财务费用		
税前利润		
所得税		
净利润		

资产负债表

项目	期初数	期末数	项目	期初数	期末数
现金			长期负债		
应收款			短期负债		
在制品			应交税金		
产成品			——		
原材料			——		
流动合计			负债合计		
土地和建筑			股东资本		
机器与设备			利润留存		
在建工程			年度净利		
固定合计			权益合计		
资产总计			负债权益		

公司贷款申请表

贷款类		1年				2年				3年				4年				5年				6年			
		1	2	3	4	1	2	3	4	1	2	3	4	1	2	3	4	1	2	3	4	1	2	3	4
短贷	借																								
	还																								
短贷余额																									
监督员签字																									
长贷	借																								
	还																								
长贷余额																									
上年权益																									
监督员签字																									

应收账款登记表

公司	款类		一年				二年				三年			
			1	2	3	4	1	2	3	4	1	2	3	4
	应收期	1												
		2												
		3												
		4												
	到款													
	贴现													
	贴现费													

公司	款类		四年				五年				六年			
			1	2	3	4	1	2	3	4	1	2	3	4
	应收期	1												
		2												
		3												
		4												
	到款													
	贴现													
	贴现费													

市场开发投入登记表

公司代码：

年度	区域市场（1y）	国内市场（2y）	亚洲市场（3y）	国际市场（4y）	完成	监督员签字
第1年						
第2年						
第3年						
第4年						
第5年						
第6年						
总计						

产品开发登记表

年度	P2	P3	P4	总计	完成	监督员签字
第1年						
第2年						
第3年						
第4年						
第5年						
第6年						
总计						

ISO 认证投资

年度	第1年	第2年	第3年	第4年	第5年	第6年
ISO9000						
ISO14000						
总计						
监督员签字						

公司采购登记表

1年	1季				2季				3季				4季			
原材料	R1	R2	R3	R4	R1	R2	R3	R4	R1	R2	R3	R4	R1	R2	R3	R4
订购数量																
采购入库																

2年	1季				2季				3季				4季			
原材料	R1	R2	R3	R4	R1	R2	R3	R4	R1	R2	R3	R4	R1	R2	R3	R4
订购数量																
采购入库																

3年	1季				2季				3季				4季			
原材料	R1	R2	R3	R4	R1	R2	R3	R4	R1	R2	R3	R4	R1	R2	R3	R4
订购数量																
采购入库																

4年	1季				2季				3季				4季			
原材料	R1	R2	R3	R4	R1	R2	R3	R4	R1	R2	R3	R4	R1	R2	R3	R4
订购数量																
采购入库																

5年	1季				2季				3季				4季			
原材料	R1	R2	R3	R4	R1	R2	R3	R4	R1	R2	R3	R4	R1	R2	R3	R4
订购数量																
采购入库																

6年	1季				2季				3季				4季			
原材料	R1	R2	R3	R4	R1	R2	R3	R4	R1	R2	R3	R4	R1	R2	R3	R4
订购数量																
采购入库																

_____职业学院
企业经营管理 ERP 沙盘实训总结报告

院系		专业		年级、班级	
学号		姓名		团队排名	
团队		职务		教师评分	

一、课程概述（以你的理解对本课程进行简单的描述）

二、学习内容及感悟（每天记录你学习的内容以及相应的收获及感想等）

学习内容	感悟

续表

三、实训总结（学完本课程你有什么理解、描述你所在企业采用的战略、企业经营过程、遇到了什么困难、学到了什么、收获了什么、有什么感想、有什么建议等）

备注：参考文献请按照规范论文形式来处理，正文中有出处，引用具体到页码。

参考文献

PDP 性格测试,经验网 [引用日期 2018-04-30]。